河出文庫

軋《きし》む社会

教育・仕事・若者の現在

本田由紀

河出書房新社

軋《きし》む社会

教育・仕事・若者の現在

まえがき

本書は、ここ二年ほどのあいだに、私がさまざまな媒体に書いてきた文章や、座談会の記録を集めたものです。そのなかには、かなり長く固い論文もあれば、短く軽めの文章もあります。また、終章以外は初出時の原稿に対して、必要最小限の修正のみをくわえて収録しています。

ですから、読者の方々にとっては、読み進めにくい面があるかもしれません。でも、いずれの文章にも愛着があり、それぞれを書いたときの思考や感情もできるだけそのまま残しておきたいという気持ちから、このようなかたちで本をつくることに決めました。

本書の目次をご覧いただければおわかりのように、私の研究関心は教育と仕事、そして家族の三領域にまたがっています。そして、これら三領域における「若者の現在」を把握したいという問題意識をつねにもっています。

もともと私は、大学・大学院で教育社会学を学び、初発の関心は教育という領域にありました。とはいえ、研究を進めるうちに、教育の出口としての仕事、教育への入口としての家族という、ほかのふたつの社会領域に対しても、自然と関心が広がることになったのです。いまでは、家族―教育―仕事という三つの社会領域間の関係性とその変化を把握すること、それを自分のライフワークにしたいと考えるにいたっています。

そう考えるようになった理由は、現代の日本社会において、この三領域間の関係にはさまざまなかたちで「軋《きし》み」があらわれているということが、私が目にしてきた数多くのデータから実感されたからでもあります。高度経済成長期から一九九〇年代初頭にいたるまで、この三領域のあいだには、互いに資源を投入し合う（一見）スムーズな循環関係が成立していました。

すなわち、教育を終えれば、すぐに安定的な仕事に就くことができる。仕事に就けば、順調に上昇する収入に基づいて、家族を形成し、維持し、生活を向上させてゆくことができる。そして家族は、次世代である子どもの教育に費用や意欲を注ぎ込む。そういう循環関係が、相当に多くの社会成員を巻き込むかたちで成立していました。

むろん、そのような循環が成立していたころからすでに、目的の先送り主義がもたらした三領域それぞれの空洞化や、循環そのものがエゴイズムに駆り立てられていたことなど、それらの関係性は病理的な側面を内包していました。それでも、社会は何とか文字どおり「まわって」いたのです。

しかし、九〇年代半ば以降、こうした従来の循環関係には、随所に亀裂が入りはじめてきます。あるいは、その循環関係が当てはまる層が、社会のなかの一部に限定されるようになり、そこからこぼれて厳しい状況に放置される層が拡大してきたといっていいでしょう。

その結果、こぼれた層はもちろんのこと、表面的にはいまだ循環の内部にある層からも、鼓膜を裂くような鋭い「軋み」の音が響いているように、私には思われます。

その「軋み」は、一方では端的な生活条件面での過酷さとしての貧困や過重労働というかたちであらわれ、他方では精神的な絶望感や空虚さというかたちであらわれています。この両者は密接にからみ合っている場合が多いのですが、かならずしもつねに連動しているというわけでもありません。

両者の組み合わされ方が多様であるがゆえに、「軋み」の具体的なあらわれ方は個人や社会集団によって異なっており、そのことが、総体としての「軋み」の増大という現実を、人々に気づかせにくくしているように思われます。その結果、個人や社会集団のあいだに、たがいへの憎悪や羨望《せんぼう》、軽蔑などの対立が強まるとともに、ある波長の「軋み」にさらされている自分をみずから否定する見方をも、多くの個人が内面化するようになっているのです。なぜこのような「軋み」の音が社会に響きはじめたのでしょうか。そのもっとも直接的な原因は、仕事の世界における働き方、もとい働かせ方の変化にあると考えます。

これまでの著書や、本書に収録した文章のなかのいくつかでも書いているように、グローバル経済競争とネオリベラリズム（新自由主義）の席捲《せっけん》、日本の年齢別人口構成の歪《ひず》みと景気変動のタイミング的一致、そして現在にも残る日本固有の「学校から仕事への移行」に関する慣行や雇用・処遇の慣行など、複雑な諸要因が、日本社会のなかではからみ合ってきました。

その結果、九〇年代半ば以降、低賃金・不安定雇用・滞留性を特徴とする非正社員の急激な拡大と、正社員の過重労働が、あきらかに進行しました。さらには、過重労働の非正社員や低賃金で雇用も不安定な正社員も、やはり増大しています。

これらは、家族─教育─仕事という三つの社会領域間の循環関係の破綻、とくに生活条件面での「軋み」と直結しています。これまで社会全体が上記の循環関係に依存してきたがゆえに、公的な福祉や諸制度──とりわけ子どもや若者に対するもの──が日本では手薄であり、なおかつそれらはネオリベラリズムのもとでいっそう切り下げられようとしています。それが、この生活条件面の「軋み」をさらに増幅させています。

このような生活条件に関する「軋み」とその原因を直視し理解することは、きわめて重要です。しかし、それだけではなく、従来の循環関係に内在していた家族─教育─仕事の空洞化やエゴイズムの支配という、これまでは何とかやりすごしてきた精神面での「軋み」も、循環関係の破綻によって如実に浮上・前面化してきたということも、看過《かんか》してはなりません。そして、そのことが人々の絶望や、個人間・集団間の憎悪や対立を深めるように働いています。

現代の日本社会に対する私の見方について、くわしくは、本書に収録した個々の文章を読んでいただければと思います。とにかく、いまのこの社会においては、さまざまな「軋み」がいたるところでギイギイと鳴り響いています。わずかな希望は、逆説的にも、その「軋み」の音が大きくなったことによって、それにかなりの人々が気づきはじめていることにあるのです。それでも、その気づきはまだたりないし、いまさら気づいても遅いのかもしれない、とさえ思うときもあります。しかし、「これではあまりにおかしい」「これではひどすぎる」という思いが多くの人々に共有され、はっきりとした声や動きとなってあらわれない限り、何も変わらないのは確かです。

社会は、変えられる。問題には、対処することができる。そう信じて動くこと、答えはそこにしかありません。

軋む社会　目次

I　日本の教育は生き返ることができるのか

苛烈化する「平成学歴社会」——かつてとは何が変わったのか

忘れられてきた「学歴社会」？

「学歴社会」。現代の日本人のなかで、年長の者は、この言葉を聞けば胸のうちにじりりといやな記憶のようなものがよみがえり、若い者は、ややきょとんとした顔をするかもしれない。

かつての日本がとらわれていた言葉であり、いまではすでに古ぼけてしまったように感じられるこの言葉。しかし、いま、あらためてこの言葉のほこりをはらい、新しい意味合いで前面に押し出し、それがはらむ問題に正面から対処すべきときが来ているのではないか。

覚えているだろうか。高度経済成長期から一九八〇年代にかけての日本では、「学歴社会」という主題が、人々にとってきわめて重要な関心事となっていた。日本は世界のなかでもトップクラスの「学歴社会」であり、大半の国民がより高い「学歴」の獲得に向けて躍起《やっき》になっている国であるということは、社会のなかでほぼ共通の認識であった。

「学歴社会」の実態をめぐって数多くの研究がなされ、現実をさまざまに批判する議論や、それを改革するための政策提言などが生み出された。しかし、九〇年代初頭から世紀転換期の時期になると、「学歴社会」という言葉は、日本社会のなかでそれまでほどの存在感をもたなくなってきた。それは、ある社会学者による次のような記述からもうかがえる。

「学歴社会日本」という社会認識は、一、二の重要な例外を除くと、この二〇年ほどの間、あまり省みられることがなかった。しかし、「学歴社会」は「総中流社会」とならんで、高度経済成長期の日本を語るためにさかんに用いられた一種の流行語であった。そうであるからこそ、いまとなっては一時代前の言葉と理解されて、「いまさら学歴社会?」と人びとに首を傾げられるような、中途半端な位置を与えられている。また、こんにちの社会学者やジャーナリストのほとんどは、学歴・学校がもつはたらきの重大さについて認識してはいても、以前ほど積極的に論及しようとはしない。社会全体が、どういうわけか見てみぬふりを決めこんでいるのである。（吉川徹『学歴と格差・不平等』東京大学出版会、一〇頁）

しかし、ここ数年の日本社会では、本来「学歴社会」と密接に関連している教育達成や地位達成のあり方そのものに対しては、見て見ぬふりどころか、沸騰ともいえるほど世の関心が高まっている。キーワードは、「格差」「不平等」「二極化」「勝ち組／負け組」などである。所得格差や職業の世代間再生産、希望の格差、そして「下流」層の出現などを指摘する書物が続々とベストセラーになり、そのなかには「学力」や学習意欲の階層間格差の拡大についての著作も含まれていた(1)。そして、二〇〇五〜二〇〇六年ごろになると、「教育格差」と

ならんで「学歴格差」に関する一般書や研究書が、ふたたび立て続けに刊行されはじめている。(2)

こうした一九九〇年代末以降の動向は、教育と地位の対応を論じている点では、数十年前の「学歴社会」論の再来であるように見える。だが、過去の議論とくらべると、観点や関心には大きな屈曲が見られる。「学歴社会」をめぐる議論には、なぜ一九八〇年代後半から一九九〇年代末までのあいだ、空白の期間があったのか。さらに、そうした空白を経た現在の関心は、かつての「学歴社会」論からどのような乖離《かいり》を見せているのか。くわえて、なぜ「学歴社会」という言葉がふたたび召喚される必要があるのか。以下では、これらの問いについて論じてみたい。

一九七〇～八〇年代の「学歴社会」論

先の問いに答えるためには、まず、かつての「学歴社会」論がどのような特徴をもっていたのかを振り返っておく必要がある。日本では、すでに一九五〇～六〇年代から、「試験地獄」と学閥の問題や、職場における「学歴別身分秩序」の問題などが指摘されていた。たとえば、六〇年代半ばには盛田《もりた》昭夫《あきお》の『学歴無用論』(文藝春秋)など、「学歴主義」に関する一般向けの書物が刊行されて、社会の関心が高まった。そして、七〇年代後半から八〇年代前半になると、教育社会学を中心として研究が進み、「学歴社会」に関する多数の書物が出版される。

当時の「学歴社会」論の第一の特徴は、それが「受験競争」論と密接に連動していたことである。「受験競争」論とは、受験での成功を目的とする激しい競争に、すべての子どもが巻き込まれていることの弊害を、さまざまに指摘するものであった。

世の中が「学歴社会」であるからこそ、学歴獲得を目指す「受験競争」が社会全域に広がっていると考えられており、また逆に「受験競争」の不当性を根拠として「学歴差別」が批判されるというように、「学歴主義」と「受験競争」は互いに循環するひとつながりの問題群をなしていた。

第二の特徴は、この時期の「学歴社会」をめぐる調査研究では、対象者が「正社員」であることを自明の前提としたうえで、就職先企業の規模、企業内昇進の可能性、そして賃金などが、修了した教育段階や学校歴に応じてどれほど異なるかを、データをもちいて細かく分析することが中心であったことである。

この種の研究の内部では、「学歴社会は虚像か実像か」をめぐって論争が生じたが、一九八〇年代半ばには、学歴は「万能」ではないが、一定の効果をもつという常識的な理解に達して、論争はほぼ収束した(3)。

こうして「学歴社会」論は、八〇年代半ば以降には下火となってきたが、それが盛り上がりを失ったもうひとつの背景は、当時のいくつかの国際比較研究から、日本が欧米諸国とくらべて、とりわけ顕著な「学歴社会」ではない、つまり学歴と地位との客観的な関連がそれほど強いわけではないことがあきらかになったことにある。

その事実が発見されたからには、日本がいかなる意味で「学歴社会」なのかを論じるためには、学力や学歴に高い価値を見いだす「まなざし」や「アイデンティティ」など、文化や社会意識に依拠した説明が必要にならざるをえなかった。これがかつての「学歴社会」論の第三の特徴である。文化や社会意識に基づいた「学歴社会」論は、あいまいですっきりしない面を含んでいるため、その点でも失速が避けられなかった。

さらに、この時期の「学歴社会」論の第四の特徴としてあげられるのは、それらの主たる関心が、学歴を獲得したあとの地位達成の不平等と、学歴の獲得にいたるまでの「受験競争」の問題性にあり、出身階層に基づく学歴の不平等という問題意識を欠いていたことである。この点については、苅谷《かりや》剛彦《たけひこ》が次のように指摘している。

学校でどのような成績をおさめるか、どのレベルの学歴を取得するのかは、ある部分、「生まれ」に影響される。どのような親のもとに生まれるのかによって、学校での成績も、どのようなタイプの高校にいくのかも、大学に進学するのかどうかも、ある程度規定されているのである。ところが、不思議なことに、学歴社会を批判する論調のなかには、学歴取得以前のこうした不平等を問題視する議論は、ほとんど見られない。ときに、社会学者が学歴社会について論じる場合のように、教育機会の不平等状態を指摘する議論が含まれる場合もないわけではなかった。しかし、一般の論調では、学歴社会の問題点としては、学歴取得後の不平等が中心に論じられてきたことはまちがいない。それゆえ、学歴社会という見方が広範に広まることによって、人々が教育における不平等を問題とする場合の視線も、学歴取得以前よりも取得以降に向けられる結果になった。（苅谷剛彦『大衆教育社会のゆくえ』中公新書、一四五頁）

ようするに、七〇～八〇年代の「学歴社会」論は、①「受験競争」論との連動、②「正社員」内部の差異という前提、③文化や社会意識の参照、④出身階層による学歴の不平等をなおざりにする、という特徴をもっていたといえる。

すでに述べたように、このような「学歴社会」論がブームの終焉《しゅうえん》を迎えた原因のひとつは、研究成果そのものが、ある種のいきどまり地点に達したことにあった。しかし、それにくわえて、九〇年前後以降の日本の社会状況にも、「学歴社会」論の空転をもたらす要因があったのである。

九〇年代に空白期が生まれたのはなぜか

一九九〇年代になって「学歴社会」への関心が後退したことには、この時期に大きな振幅を見せた景気動向が関係していた。バブル経済期におけるマネーゲームと享楽的消費をめぐる経済的〈躁《そう》〉状態と、その後の急転直下の長期不況期における経済的〈鬱《うつ》〉状態は、どちらも「学歴社会」についてのそれ以前の関心や前提を裏切る事態であった。すなわちバブル期の異常なほどの新卒求人倍率上昇は、相対的に低い学歴・学校歴の者にとってもチャンスが大きく広がったという印象を与えた。また、それとは正反対に、九〇年代半ば以降の「就職超氷河期」には、学校を卒業すればすぐ「正社員」になれるはずだという数十年来の「常識」が崩れ去るという、高度成長期以降、見られなかった事態が生じていた。このような状況のもとでは、「学歴」についてのそれまでの意味づけが、宙に舞うことになったのも当然である。

さらに、「学歴社会」への関心の希薄化をもたらしたもうひとつの重要な背景となっていたのは、八〇年代後半以降の教育政策である。

その第一段階は、「自ら学ぶ意欲と社会の変化に主体的に対応できる能力の育成を重視すること」（教育課程審議会、一九八七年答申）を目指して導入された「新学力観」や生活科、指導要録の評価項目への「関心・意欲・態度」の盛り込み、学校週五日制の段階的導入などである。

そして、その発展型である第二段階は、「ゆとりのある教育活動を展開する中で、基礎・基本の確実な定着をはかり、個性を生かす教育を充実すること」（教育課程審議会、一九九八年答申）を目指した教育内容の「三割削減」と「総合的な学習の時間」の導入である。

こうした、いわゆる「ゆとり教育」と呼ばれる一連の教育政策は、従来の「受験競争」からの脱却を主目的としていた。もともと七〇〜八〇年代の「受験競争」批判は、文部省（当時）の教育政策に対する日教組（日本教職員組合）などからの攻撃が中心であった。

その文部省自体が、「受験競争」打破へと方針を転換した結果として、「受験競争」を批判する声は矛《ほこ》を向ける先を失うことになった。そして、「受験競争」批判がうやむやになったために、それと連動していた「学歴社会」というテーマもまた、ピンぼけ化の感をまぬがれなかったのである。

これらの要因が複合して、九〇年代の日本社会では、「学歴社会」への関心が空洞化することになった。

現代の新たな「学歴社会」

こうした空洞化の時期をあいだにはさんで、世紀末に噴出したさまざまな「格差」論には、かつての「学歴社会」論とくらべて、次のような違いが刻印されていた。

第一に、かつては人々の大半が巻き込まれていると見なされていた学歴や地位を目指す「競争」が、いまや社会の一部にかたよってあらわれはじめたということが指摘されるようになった。逆にいえば、地位達成「競争」の平面に乗らず、「競争」とは別の価値観に準拠して生きる〈層〉の出現が注目されているのである。

一部の高校生が、勉強しないことでむしろ自分への「いい感じ」をもつようになっていることや、「自分らしさ」にこだわる「下流」集団、データベースから拾い集めた「個性」に自己充足する「動物化」した若者たち、そして特定の社会階層における教育意欲の低下など、さまざまな事柄が指摘されている[4]。

こうした〈層〉は、いつの時代にも存在したと思われるが、これまではほとんど黙殺されてきたこの種の存在について、ことさらに言いつのられはじめたのは、その量的な拡大や質的な特徴が明確化してきたことを反映しているだろう。

第二に、出身階層に基づく格差や不平等という問題に、より焦点が当てられるようになった。親の職業や学歴が子どもの成績や勉強時間におよぼす影響が増大していること、親学歴と子学歴の対応が強まりつつあることなどが、調査結果に基づいて指摘されている[5]。家計の水準が子どもの進路選択に直結していることに関する報告も多く見られる。日本でも出身階層が教育達成や地位達成を強く左右していることは、社会学者がつとに指摘し続けてきたが、そのような実態に対して、一般社会からも強い関心が寄せられるようになっているのである。

第三には、すでに触れたように、学校教育終了後の若者の職業経歴が大きく変化したことが社会問題化している。若者の学校卒業後の進路は、「正社員」だけでなく、「フリーター」や派遣社員、契約社員、そして請負社員などの非「正社員」、さらには失業や無業など、かつてとくらべていちじるしく多様化している。

しかも日本では、新卒時に「正社員」になれなかった者が、のちに「正社員」に参入するチャンスは閉ざされがちであり、かつ「正社員」とそれ以外の者のあいだには、雇用の安定性や収入の面で、他国とくらべて際立った断層がある。「正社員」についても長時間労働など労働条件の過酷化が生じているが、「正社員」になれない層の生活上の困窮は歴然としている。さらに、「正社員」になることができる確率は、出身階層や本人の学歴と関連していることも指摘されている。

いま述べた三つの点はそれぞれ、競争のプロセス、競争の出発点、競争の到達点のいずれについても、以前とくらべて分断や格差がはっきりしたものとなり、この三つが緊密につながっているということを示している。

このような現状から振り返れば、一九七〇〜八〇年代の「学歴社会」論は、牧歌的にすら感じられる。それは、「総中流」である「正社員」という同じ土俵のうえで、人々が学歴に応じた収入や昇進の細かい差異を気にし合っている状態にすぎなかった。

しかし、いまやむき出しの格差、ひとつまちがえれば生存すら危機にさらされかねない格差が露わになりつつあり、初発の有利・不利と結果の有利・不利を媒介するものとして、学歴が重要な役割を果たすようになっているのである。

ただし、ここでもうひとつ指摘しておくべきことがある。現在においては、これまで競争のターゲットとされてきた学力・受験・学歴などに付けくわわるかたちで、別種の基準が新しい支配力をもつようになっている。それは、コミュニケーション・スキルや意欲、創造性、そして問題解決力など、感情や人格の深部に根ざすようなあいまいで柔軟な諸能力——いわゆる「人間力」——である。

このような能力の重要性は、社会のいたるところで主張されるようになっている。拙著『多元化する「能力」と日本社会』(NTT出版)における筆者の試論的な分析でも、そうした能力と個人の地位達成とのあいだに、実際に関連があることを示唆する結果が出ている。むろん、「人間力」などという概念そのものがあやしげなものであり、相対的に有利な社会集団が、「ゲームのルール」をみずからにとって都合のよいものにするために打ち出した恣意的な選抜基準を、そう名づけているにすぎない可能性がある。このことについては、十分な注意が必要である。このよくわからない選抜基準を真に受けて、それに振りまわされすぎてはならない。

ただし、「いまや学歴だけではたりない」という感覚を、多くの人々がもつようになっていることは確かである。それは、一九九〇年代に入って大学進学率が再上昇しはじめたこととも関係しているだろう。いまや、大卒であるだけでは何も保証されなくなってきた。しかし、学歴は、もはや十分条件ではないとしても、必要条件としての重要性をいっそう高めていることを忘れてはならない。

以上で見てきた世紀転換期の状況は、全体として、かつては大衆化していた競争が部分的に冷却されて、いびつに偏在しはじめたことを意味している。くわえて、競争のルールやプロセスの混迷をあらわしているとも見なせる。

「学歴社会」を、七〇〜八〇年代のように〈社会成員のほぼすべてが「学歴」に高い価値を見いだし、学歴達成を目指して厳しい競争を繰り広げている社会〉と定義するならば、確か

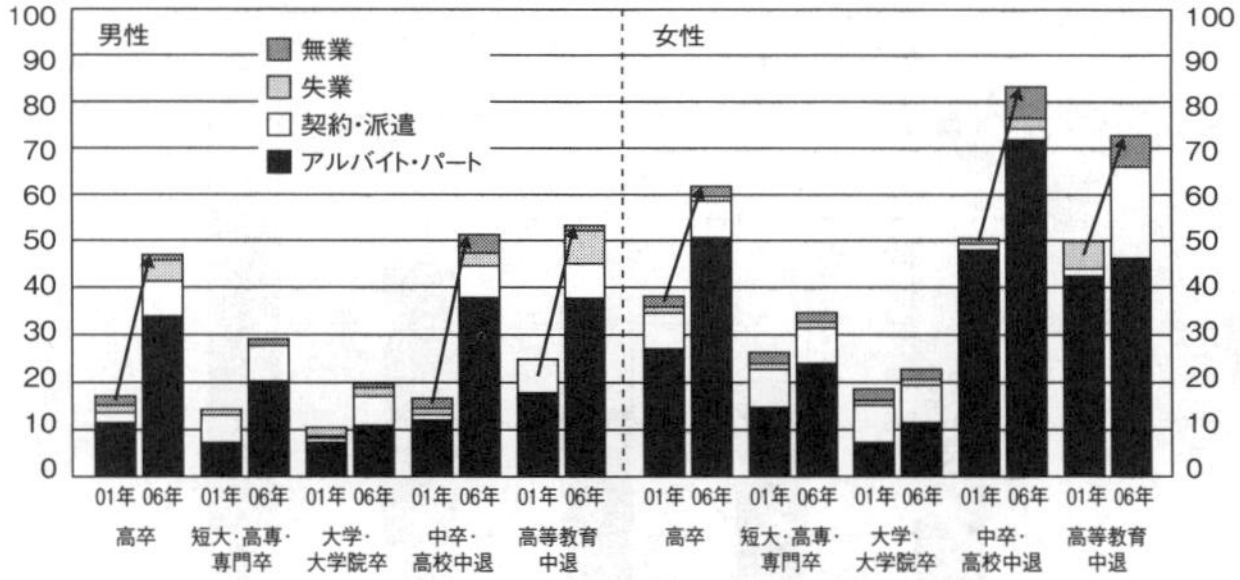

図1　性別・学歴別　若者の就職状態（%）

注：労働政策研究・研修機構『大都市の若者の就業行動と移行過程』労働政策研究報告書 No.72、2006 年、図表 1–8 および図表 4 より著者作成。

に現在はそれと同じ意味での「学歴社会」ではないかもしれない。

しかし、「学歴社会」という言葉に、〈「学歴」が人々の一生を客観的に左右する社会〉という定義をあらためて与え直すならば、現在はむしろ、かつてよりもいっそう厳しく苛烈な「学歴社会」であるといってよい社会状況にいたっているのだ。

現在の「学歴社会」の実態

前述のとおり、現在の「学歴社会」の苛烈さは、若者の離学後の職業経歴において、かつてよりも多様性が増大し、「正社員」以外の、不安定で収入も低く将来性の閉ざされたルートが大きく口を開けているということに由来する面が大きい。

この点をいくつかのデータで確認しておこう。まず、教育段階という意味での「学歴」による格差について。図1は、労働政策研究・研修機構が都内の

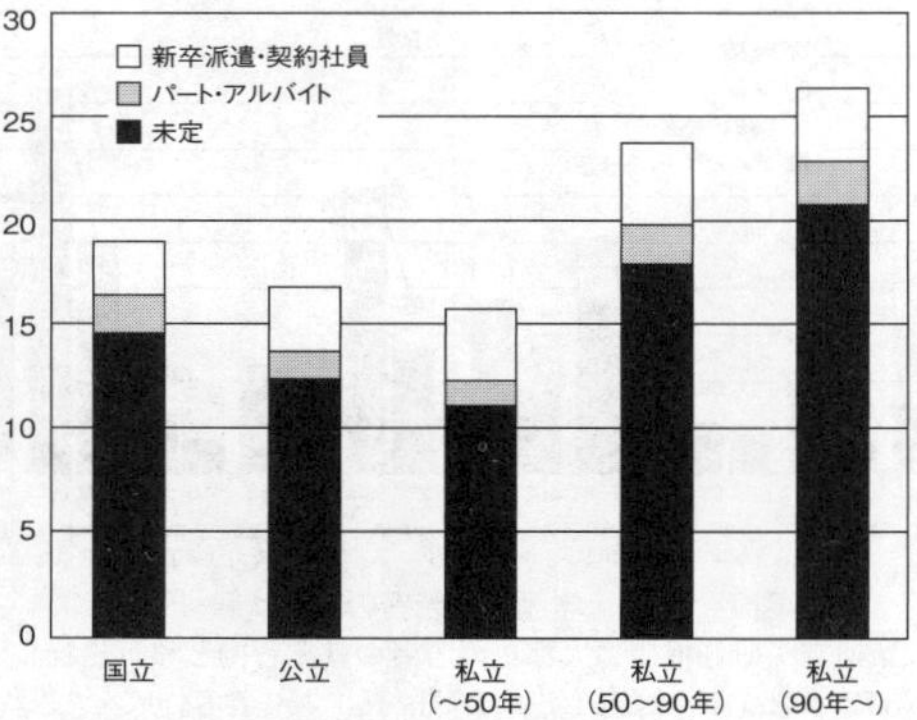

図2　設置者・設置年別　卒業後の予告進路（2006年4月大卒者）(%)
注：労働政策研究・研修機構『大学生の就職・募集採用活動等実態調査結果Ⅱ』調査シリーズNo.17、2006年、153頁より著者作成。

一八～二九歳の若者二〇〇〇〇人を対象として二〇〇一年と二〇〇六年の時点で実施した調査結果から、現在の就業状態のなかで非「正社員」（アルバイト・パート、契約社員・派遣社員、失業、無業［無職で何もしていない］）に当たる者の比率を性別・最終学歴別に示したものである。

これら不安定な就業状態に該当する者の比率は、わずか五年のあいだに明確に増加しており、しかもその増加の程度は、学歴が低い者（高卒者や中卒者・高校中退者）においてとくにいちじるしい[6]。絶対的な不安定就業比率は、女性のほうが男性よりも大きいが、過去五年間の増加の度合いは、男性の低学歴者でいっそう顕著である。

続いて、同じ教育段階のなかでの学校歴による格差について、図2はやはり労働政策研究・研修機構が二〇〇五年一〇～一一月に全国の大学四年生約一万八五〇〇人を対象として実施した調査結果のなかから、大学の設置者別および

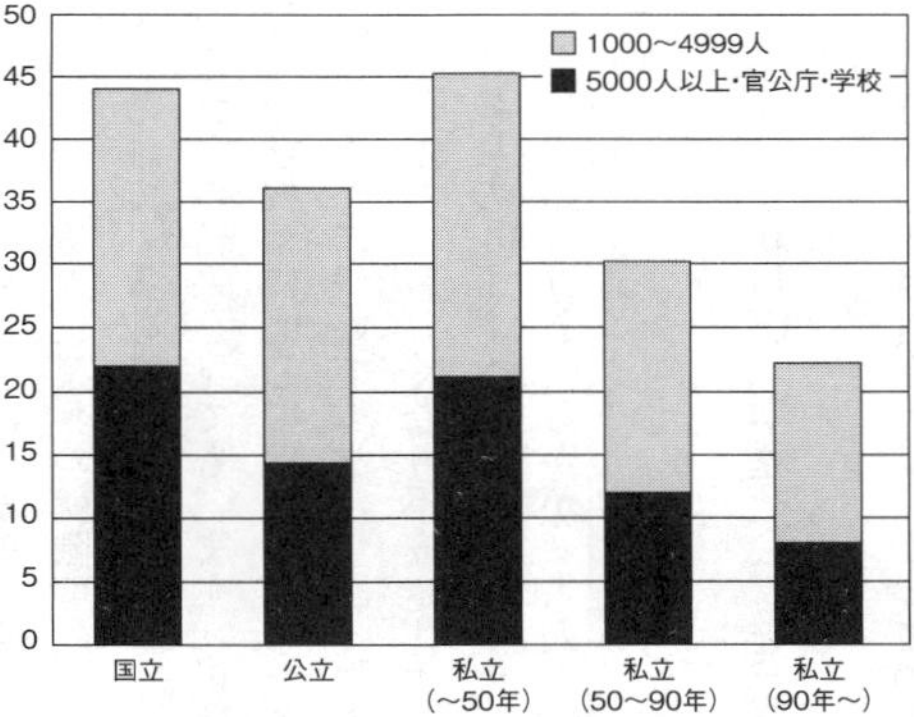

図3　設置者・設置年別　内定先従業員規定（内定者）（%）

注：労働政策研究・研修機構『大学生の就職・募集採用活動等実態調査結果Ⅱ』調査シリーズ No.17、2006 年、173 頁より著者作成。

私立については大学設置年別に、卒業後の予定進路が未定、パート・アルバイト、新卒派遣・契約社員である者の比率を示している。

私立大学の設置年は、古いほど威信およびランクが高い大学と見なすことができる。これは四年生の秋時点での調査なので、これ以降にまだ就職活動を続けて就職先が決まった者も当然かなり含まれているであろう。

しかし、ここ一〜二年の景気回復と団塊世代の大量退職により、新規大卒者に対する企業の採用活動が活発化・早期化しているなかでも、新設で認知度が高くない大学の学生は、四人に一人までが「正社員」の就職口を見つけることに苦労している。また相対的に威信の高い伝統ある大学や国立大学でも、一五％前後の学生は同様の状態にある。

さらに、同調査のサンプルのなかから、すでに内定を得ている者のみを対象として、内定先が大企業（従業員規模一〇〇〇～四九九九人ないし五〇〇〇人以上・官公庁・学校など）である者の比率を、図2と同様に設置者・設置年別にあらわしたものが図3である。

ここにも出身大学による差が明確にあらわれている。近年の景気回復の恩恵をもっともこうむっている大企業への就職可能性は、出身大学がどのような大学であるかによってかなり左右されているのである。

これらの結果を見ても、まず「正社員」という土俵に上がれるかどうかという点で、教育段階や学校歴に応じてはっきりした差があり、さらに「正社員」の内部でどのような企業に就職するかについても学（校）歴による差がある。

全体として厳しくなり不安定化するとともに、恵まれている度合いにおいて大きな落差のある複数のルートへの分岐が明確化しつつある若年労働市場のなかで、個々人がいかなるルートに水路づけされるかが、当人の学校教育上の経歴によって大きく左右されるようになっているのである。

新しい「学歴社会」をどうするか

現在の「学歴社会」は、かつてのようにのどかな状況ではなく、苛烈になっている。出身階層→学歴→到達階層という連関の強化に対処するためには、すくなくとも次のことが必要である。

第一に、出身階層→学歴、とくに最近強まりつつある家庭の経済状況と高等教育進学率との直結を打開するためには、長年にわたって日本社会の懸案とされてきた高等教育の構造――私学にかたよっており、高い学費負担を要する構造――に、メスを入れる必要がある。事態はもはや、奨学金の拡充だけで対応できる範囲を超えはじめている。先進諸国のなかでも異様に高い日本の高等教育の学費をいかにして引き下げるかという課題の緊急性は、高まっている。

卒業後の収入に応じて学費をあと払いする方式の導入なども含めて、家庭の経済状況を問わず、進学できる可能性を担保する方策を探る必要がある。知識経済化が進んでいる現状では、高校修了、あるいはそれ以下の学歴で従事することができる職業は、将来展望が閉ざされたものになりがちである。高等教育の門戸を、新規高卒者だけでなく社会人も視野に入れつつ、開かれたものにしていくことが不可欠である。

第二に、学歴→到達階層（職業経歴）という連関を、より「正常化」していく必要がある。現状では、単なるたてまえに留まっている「大学名不問、実力重視」の採用を実現していくためには、たとえば大学修了時に分野別の共通試験を課すことによって、獲得した知識やスキルを所属大学に関係なく証明するような仕組みを導入することも考えられる。

そのようにして専門知識を尊重した透明な採用をおこなうことにより、大学名による差別はいうまでもなく、意欲やコミュニケーション・スキルといったあいまいな採用基準の過剰な支配にも歯止めをかけ、若者に勉学への動機づけを与えるとともに、生活や職業に対する大学教育の意義（レリバンス）の再吟味が促進されると考える。

第三に、到達階層（職業経歴）内部の分断に取り組む必要がある。そもそも若年労働市場において、「正社員」とそれ以外のあいだに安定性や賃金、そして能力開発機会など、さまざまな面で大きな差があること自体が重大な問題である。

新規学卒時に「正社員」にならなかった者に対して、実質的な採用差別が存在するような現状を、企業への懇請《こんせい》以外の実効ある方策によって打開していく必要がある。法律を通じた強力な誘導も検討されるべきであろう。

現代社会の経済状況のもとで、ヴァージョンアップされている新しい「学歴社会」の容赦のなさを直視すべきである。個々人や個々の家庭が別々に、それぞれあえぎながら対処するのではなく、「これではひどい」「これではあんまりだ」という声を共同してあげていかなければならないときが、すでに来ている。

注

（1） ここで念頭においているのは、以下の一連の書籍である。橘木俊詔『日本の経済格差』（岩波新書、一九九八）、大竹文雄『日本の不平等』（日本経済新聞社、二〇〇五）、佐藤俊樹『不平等社会日本』（中公新書、二〇〇〇）、山田昌弘『希望格差社会』（筑摩書房、二〇〇四）、三浦展『下流社会』（光文社新書、二〇〇五）、

苅谷剛彦『階層化日本と教育危機』（有信堂高文社、二〇〇一）。
(2) おもなものとして、以下を参照。溝上憲文『超・学歴社会』（光文社、二〇〇五）、福地誠『教育格差絶望社会』（洋泉社、二〇〇六）、尾木直樹『新・学歴社会がはじまる』（青灯社、二〇〇六）、中野雅至『高学歴ノーリターン』（光文社、二〇〇五）。
(3) とくに以下を参照。小池和男・渡辺行郎『学歴社会の虚像』（東洋経済新報社、一九七九）、竹内洋『競争の社会学』（世界思想社、一九八一）。
(4) 参考文献は以下のとおり。苅谷および三浦の前掲書（注1参照）、岩木秀夫『ゆとり教育から個性浪費社会へ』（ちくま新書、二〇〇四）、中村高康「高学歴志向の趨勢」（近藤博之編『日本の階層システム３　戦後日本の教育社会』東京大学出版会、二〇〇〇）。
(5) 樋田大二郎・耳塚寛明・岩木秀夫・苅谷剛彦編著『高校生文化と進路形成の変容』（学事出版、二〇〇〇）、吉川徹『学歴と格差・不平等』（東京大学出版会、二〇〇六）。
(6) 二〇〇一年調査では、サンプルに対して一九九七年就業構造基本調査と九五年国勢調査をもちいたウエイトバック（調査などで得られた結果を、母集団の構成に合わせて集計し直す方法）をおこなっている。よって、不安定就業者の比率がやや低く出ていることに留意すべきだが、それを勘案しても二時点間の相違は顕著である。

格差社会における教育の役割

「機会の罠」という概念

格差社会における教育の役割を考えるうえで、「機会の罠《わな》（opportunity trap）」という概念が示唆に富む。「機会の罠」とは、イギリスの社会学者フィリップ・ブラウンがつくり出した概念であり、ブラウンはイギリス社会の教育が「機会の格差」状態から「機会の罠」状態へと移行をとげつつあると論じている。(1)

イギリスでは、一九八〇年代から九〇年代にかけて高等教育が量的にいちじるしく拡大し、七〇年代末には二〇％未満であった高等教育進学率が、二〇〇〇年代に入ると六〇％を超えるまでになった。(2)パートタイムで就学する成人学生まで含めれば、進学率はさらに高くなる。

このように高等教育機会が拡大すると、賃金や職務内容の水準が高い仕事に就くうえで、高等教育学歴は必要条件としての性格を強める。すなわち、高等教育学歴を取得しているからといって望ましい仕事に就けるかどうかは保証されないが、高等教育学歴を取得していないことの不利さは大きくなるということである。それゆえ人々は、いっそう高等教育学歴をめぐる競争に参入せざるをえなくなる。

しかし、仕事の世界では、そうした学歴に見合った仕事がいちじるしく増加しているわけではない。よって、期待したような仕事に就けない高等教育修了者が増加し、彼らの不満は強まる。こうして過剰教育が進行し、出身大学の威信や専攻分野などに応じて学歴資格内部の序列化が広がり、仕事の世界の格差は解消されず、社会内の不満の総量が増大するおそれがある。これがブラウンの描いた「機会の罠」のシナリオである。

ブラウンは、この論文以外にも、教育訓練によるエンプロイアビリティ（労働者として雇用されるのにふさわしい能力）の向上に重点を置く、いわゆる「ニューレイバー」（新しい労働党）の政策方針に対して批判的な論文を複数発表している。質の高い教育を万人が享受することによって、万人が均等に知識労働者となることができ、格差社会は解決されるという考え方に対するブラウンの警鐘は、日本の現実にとって何を意味しているのか。

教育の限界

ブラウンの指摘する「機会の罠」は、つまるところ、教育機会と仕事の機会の齟齬《そご》ということにゆきつく。いくら教育機会を拡大し平等化しても、仕事の機会の格差を大きく変えることはできない。これは言い換えれば、仕事＝労働の供給側と需要側の齟齬ということでもある。

個人の教育水準を高めることにより、労働供給側にてこ入れしたとしても、労働需要は産業構造や企業の組織構造など、独自の要因によって規定される部分が大きい。したがって、前者が後者におよぼすことができる影響の範囲は限られている。社会のなかの格差の大きな部分が、仕事から得られる収入や雇用の安定の度合いに規定されているのであれば、仕事の構造を変化させることができない教育は、格差社会の解決策にはならない。

また、この点はブラウンが明示的に述べているわけではないが、教育は仕事の世界の格差に対して無力であるだけでなく、それ自体としても格差を生み出す働きをしているということを認識する必要がある。

いうまでもなく、教育は特定の教育内容を学習者が習得することを目的としておこなわれ、その習得の度合いを確認するために、評価がおこなわれる。集積された評価結果は、成績や学歴などのかたちで対外的な証明の機能を帯びる。このように、教育が評価と不可分である限り、教育は学習者のあいだに教育内容の習得度の格差をつくり出す。

それは「能力」の格差の証明としての意味をもち、仕事の世界の格差に個々人が配分されてゆくプロセスを正当化する。その意味で、教育は格差社会に対して無罪なのではなく、それ自体として有罪なのである。

日本社会の格差の現実

以上のような考察を前提として踏まえたうえで、現在の日本社会における格差のあり方を具体的に見ておこう。

まず仕事の世界について、何よりもあきらかなのは、正社員と非正社員のあいだにおける賃金や雇用の安定性についてのいちじるしい格差である。日本の非正社員（パート労働者）の時間当たり賃金は、正社員の五割程度（男女計・年齢計の場合）であり、それが八〜九割であるヨーロッパ諸国の非正社員と比較すると、きわめて低い水準にある。

また、大半が期限付き雇用である非正社員は、いつ職を失うかわからない不安定な状態にさらされている。とくに若年層では、こうした非正社員が急増している。たとえば、二〇〇七年時点で一五〜二四歳の非農林業雇用者のうち、男女とも半数近くが非正社員であり、二五〜三四歳では男性の一四％、女性の四二％が非正社員である[3]。

アルバイト・パートの年収の平均値は二〇〇万円未満で、自立して生計をたてていくのは困難な賃金水準である[4]。むろん正社員のなかにも、企業規模などにより処遇の格差が存在し、非正社員のなかにも派遣社員・契約社員とアルバイト・パート、そして日雇い派遣といった雇用形態の違いにより差が見られる。しかし、やはり正社員とくらべたときの非正社員の状況の厳しさは際立っている。

しかも、いったん非正社員や無業になった若者が、正社員に参入できる機会は限られている。データによって異なるが、学校教育をはなれた直後に非正社員や無業であった者のうち、のちに正社員に移行できた者の比率は二〜三割程度にすぎない。

そして、どのような就労形態の仕事に就けるかは、個人の学歴に強く影響されている。正社員になれる比率は最終学歴が高いほど高く、また学歴が高くても中退者であればその比率が顕著に低くなる。さらに、同じ大卒者の内部にも、出身大学の威信によって、正社員比率や正社員内部の就職先企業規模の分布が大きく異なる。(5) すなわち、教育の格差と仕事の格差は、密接に連動しているのである。

では、教育格差は何によって規定されているのか。まず、高等教育、とくに日本で大きな割合を占める私立大学への進学率は、家計の水準をあきらかに反映している。(6) 日本の私立大学の初年度納付金は平均一三〇万円を超え、いまも増額を重ねている。二〇〇七年現在で八二万円に達している国立大学とくらべてもかなり高い。(7) 家庭の所得格差が拡大し、貧困率や生活保護世帯比率がいちじるしく上昇している近年の日本においては、こうした経済的な壁によって、大学への進学機会が大きな制約を受けざるをえない。

また、高等教育進学以前の段階を見ても、塾にかよっているかどうかによって成績が左右される。(8) ここでも、家計が塾にかよう費用を負担できるかどうかが教育達成の水準に反映されることになる。くわえて、おさないころに親が読み聞かせをしていたかどうか、などといった家庭の文化的背景も学力に影響している。このように教育格差は、個々の家庭のあいだの経済的・文化的格差と直結している。

もうひとつ付けくわえることがある。それは、日本社会では一九九〇年代後半ごろから、コミュニケーション能力や意欲、問題解決力など、いわゆる「人間力」が、教育・仕事いずれの選抜においても重視されるようになっていることである。反復練習によって向上が期待される学業成績とは異なり、柔軟であいまいな「人間力」は、幼少時からの家庭内外のさまざまな経験を通じて形成される面が大きい。とくに家庭内での親からの働きかけの影響を強く受けている可能性が高いことから、このような「人間力」に対しても家庭間の差が反映されていると考えられる(9)。

以上のように見てくると、日本社会では、仕事の格差と教育の格差、そして家庭の格差がいずれも顕著であり、かつ、それらが緊密に連動しているといえる。このように問題が山積みである状況に対して、世紀の変わり目ころから社会的な認識が高まってきたが、有効な対策の進展は遅れている。

日本における教育の課題

本稿の前半で述べたとおり、社会の格差を緩和していくうえで教育ができることには限りがある。それは確かである。かりに教育機会の格差が縮小したとしても、仕事の世界の格差やそれに基づいた家庭間の格差が縮小されるわけではない。しかし、教育機会の均等すら実現されていない日本社会では、教育格差を現状よりも可能な限り縮小するために取り組むべき課題は数多い。

第一に、高等教育の学費負担を軽減すべきである。ブラウンの目に映るイギリスでは、一九九八年から学生も学費を負担するようになり、二〇〇六年度からは地域別の授業料制度が導入されて、イングランドでは最高三〇〇〇ポンド（約六〇万円）が課されるようになった。

しかし、本人または家庭の収入に応じた学費の減額または免除の制度がイギリスでは充実しており、二〇〇四年度には学生の四三%が免除、一四%が減額となっている。[10]前述の日本の状況とくらべて、イギリスでは高等教育の学費に関する公的な支援の密度が、はるかに高い。

高等教育のみならず、教育費全体について見ても、日本ではGDP（国内総生産）に占める公的支出の比率がきわめて低く、OECD（経済協力開発機構）諸国のなかではギリシャに次いで最下位から二番目である。[11]教育費の家計への依存度があまりにも高い日本の現状を改善するためには、公的な支出の拡充が不可欠である。それは教育環境（教員数、設備など）を均等に拡充整備するうえでも必要である。

第二に、高等教育進学段階にいたる以前の学力格差を、最小化する取り組みが求められる。学期ごと、学年ごとに生徒の習得水準を確認し、一定の水準に満たない生徒に対して再学習や個別指導などのていねいなケアがおこなわれる必要がある。

すなわち、教育内容の履修のみが課され、習得について学校や教師が責任を負わない日本の現状を、より習得重視の制度へと変革すべきである。その一環として、中学や高校の卒業時に修了認定試験を実施し、期待される水準に達した者に限り、次の教育段階への進学を認める制度の導入なども考えられる。ただし、こうした習得重視の制度にした場合、教育達成水準に応じた微細な格差がつくり出されないようにするために、評価は合否のみの大括なかたちで示すなどの工夫が必要である。

第三に、学力格差を縮小するためのもうひとつの方策という意味でも、また教育で身につけたことを通じてすこしでも安定した仕事を獲得するためにも、子どもや若者の現在、そして将来の生活と仕事に対する教育内容の関連性や意義（レリバンス）を高めることが必要である。

日本の生徒・学生は、教育内容への興味関心や、それが生活や将来の仕事に役立つと感じる度合いが、国際的に見てもきわめて低い。それは、一方では学習意欲の格差につながっている。他方では、不安定化し格差化した仕事の世界で、若者が生きる道を切りひらいていくためのすべとして、教育が有効に機能していないことを意味している。

こうした現状を打破するために、子どもや若者の実生活や関心事と教育内容を密接に関連づけ、学習した内容が教育の外部社会で生きていくうえで有益・有効なものとなるように変革することが、政策の課題として求められる。たとえば、労働者としての権利などについての知識を、教育内容に盛り込むこともその一環となる。

むろん、これらの施策をこうじたとしても、教育格差をゼロにすることはむずかしい。とはいえ、たとえそれが永遠の難題であっても、教育格差を可能な限り縮小することは、教育が引き受けるべき責任である。

また、上記の施策により教育機会の格差が縮小されえたとしても、それは社会格差全体を縮小するうえでの最低条件であるにすぎない。平行して求められるのは、仕事の世界の格差を縮小することである。なかでも、正社員と非正社員の処遇の均衡については、近年社会的・政策的な関心が高まっているが、その実現が緊急の課題である。

さらに、さまざまな事情により、仕事から十分な収入を確保できない状態にある層に対しては、基本的人権として、生活を維持するための公的な社会保障が給付される必要があることはいうまでもない。ネオリベラリズムが喧伝《けんでん》されるなかで、福祉の切り下げが進行しているが、それは格差を放置・拡大し、人々の生命すら脅かしかねない危険な方向性である。

このような、教育・仕事・福祉という多面的なルートを通じた格差社会への対策が、一刻も早く必要な段階に日本社会は来ている。教育格差を縮小するだけでは、「機会の罠」がもたらされる。教育とそれ以外の格差縮小策を、ゼロサムで考えてはならない。そのいずれもが不可欠なのである。

注

(1) Phillip Brown, 'The Opportunity trap', Lauder H. et al. (eds), *Education, Globalization & Social Change*, Oxford Univ. Press, 2006.

(2) http://www.jil.go.jp/foreign/labor_system/2006_12/england.htm

(3) http://www2.ttcn.ne.jp/~honkawa/3250.html

(4) 労働政策研究・研修機構『大都市の若者の就業行動と移行過程』労働政策研究報告書、No.72、二〇〇六。
(5) 本書Ⅰの「苛烈化する『平成学歴社会』」を参照。
(6) 小林雅之「高校生の進路選択の要因分析」Crump Working Paper Series, No.19、二〇〇七。
(7) 文部科学省『平成一九年版　教育指標の国際比較』。
(8) 苅谷剛彦「『学力』の階層差は拡大したか」、苅谷剛彦・志水宏吉編『学力の社会学』岩波書店、二〇〇四。
(9) 本田由紀『多元化する「能力」と日本社会』NTT出版、二〇〇五。
(10) 注7の文献を参照。
(11) http://www2.ttcn.ne.jp/~honkawa/3950.html

〈コラム〉 教育再生会議を批判する

二〇〇六年九月に成立し、二〇〇七年九月に突如幕をおろした安倍晋三政権下では、あわただしく「教育再生」が進められた。二〇〇六年一二月に教育基本法がどたばたと「改正」された次のステップは、首相直属の教育再生会議を通じた、文科省をも諸審議会をも軽視した、「機動的」な改革の実施であった。

教育再生会議では、二〇〇六年一二月二一日の本会議で事務局が提出した第一次報告案に対し、インパクトを欠くとの不満がメンバーから続出した。それを踏まえて二〇〇七年一月一八日に公表された最終案では、「ゆとり教育」の見直しと「学力向上」が提言の筆頭にあげられ、授業時間数の一割増などを含む「基礎学力強化プログラム」や、いじめをした児童生徒の出席停止措置の活用、奉仕活動充実など、確かにインパクトだけは十分ある報告となっている。

教育についての科学的な検証に従事している者をひとりも含まないメンバーから成る教育再生会議が、インパクト重視でまとめた報告書。その提言が、将来この社会を担うすべての子どもたちの毎日の生活を大きく左右しかねないことに対して、計り知れない危機感を感じる。報告には危うい論点がたくさんあるが、ここでは「ゆとり教育」への決別と「学力向上」を意図した授業時間数増加に焦点を当てよう。

問いの第一は、一日の授業時間数を増大させたり夏休みを短縮したりすることによって、「学力向上」は達成されるのか、ということである。ある研究グループが学校の授業時間数と国際学力調査の成績との関連を分析した結果によれば（二〇〇三年七月一日、中教審初等中等分科会教育課程部会総則等作業部会第三回会合提出資料）、授業時間数と成績とのあいだに関連は認められない。とくに初等教育に関しては、成績が上位にある日本やフィンランド、韓国、そしてイギリスなどは、いずれも授業時間数の短い国々である。

この結果は、「学力向上」のために授業時間数増加をもち出す必然性はないということを示している。むしろ日本では、学校週五日制の導入によって、ただでさえ平日の授業時間数が長くなり、児童生徒も教師も多忙感や疲弊を強めている。さらに授業時間数を増やすことは、プラスの効果が期待されないだけでなく、すでにある問題を深化させかねない。わかりやすく、思い切った提言をおこないたいからといって、「学力向上」なら長い時間勉強させておけばよいといった短絡的な発想を、むき出しでもち込んでもらっては困る。

第二に、そもそも「学力向上」の必要性の根拠となっている「学力低下」は現実に生じているのか。二〇〇五年四月に発表された平成一五年度小・中学校教育課程実施状況調査結果によれば、平成一五年度調査では平成一三年度調査とくらべて上昇傾向が見られ、平成五〜六年度調査とくらべても明確に低下してはいない。現在の体制のもとでも、「学力低下」が直線的に生じているわけではない。日本の児童生徒の学力は、国際的に見ても総じて非常に高い水準をいまだ維持している。

ただし、二〇〇四年一二月に発表されたOECDの「生徒の学習到達度調査」（PISA調査）の読解力の結果では、日本の成績上位層には低下が見られないが、成績下位層の比率と点数低下傾向が増大しており、全体ではなく下方に「底が抜ける」かたちでの読解力の低下が危惧されることを忘れてはならない。

それにくわえて、さまざまな調査結果で日本の児童生徒の顕著な特徴として見いだされるのは、勉強が「好きだ」「楽しい」と答える者や、将来の仕事と結びつけて勉強していると答える者の比率が、際立って低いことである。日本の教育の最大の問題は、子どもが教育内容に現在および将来の生活との関連性や意義を見いだしえていないことなのだ。

これは近年のみの傾向ではなく、数十年来、指摘され続けている、いわば慢性化した病のようなものである。しかし、日本の子どもたちは、従来は「いい成績→いい学校→いい会社→幸福」というストーリーにしたがって、とりあえず勉強し続けてきた。若者のなかで不安定就業や失業・無業が三人に一人に達している現在、そうした動機づけのストーリーは、かつてのように子どもたちの全域を覆うほどの強い威力を発揮しえなくなっている。

それならば、いま日本の教育に必要なものは何か。ひとつは、子どもが学ぶことの意義を中身にそくして実感できるような教育内容の質的な改善。もうひとつは、下方への「底抜け」が生じることを防ぐための制度的な仕組みの導入である。

前者については、教育内容において実生活や仕事との関連性を強化し明示することが必要である。後者については、生徒が一定の習得水準に達したことを確認したうえで進級・進学を認める仕組みの導入、すなわち履修主義から習得主義への転換をはかることが求められる。

これらはいずれも、教育の中身と仕組みに関する課題である。いまの日本の教育は、授業時間増といった量的な「改革」でもって何かがよくなるような状況にはない。問題は量ではなく質なのだ。ましてや手前勝手に「愛」や「規律」、「道徳」、そして「奉仕」を叫んだり、締めつけたりしても、子どもたちはいっそう内面的な離反を強めるだけである。

教育再生会議は、この第一次報告に続いて二〇〇七年六月には第二次報告を、二〇〇八年一月には最終報告を提出して解散した。安倍首相が二〇〇七年九月に突然辞任したことによって、教育再生会議の影響力は後半、衰えを見せた。

しかし、第一次報告は二〇〇七年三月の中央教育審議会答申に反映され、六月にはいわゆる教育関連三法案（教員免許法、学校教育法、地方教育行政法）の改正が国会で可決された。さらには、二〇〇八年一月に発表された学習指導要領改訂方針にも、教育基本法をはじめ、一連の法改正が明確に影を落としており、授業時間数の増加も現実化することになった。

この意味で、教育再生会議は日本の教育政策の流れにあきらかな負の刻印を残して去っていったといえる。それを軌道修正していくには、今後、長きにわたって多大な労力や苦闘が必要とされるだろう。

いつまでこのような無益な茶番劇が繰り返されるのだろうか。子どもや若者の実情と、教育現場の現実を踏まえた、確かに有効な教育改革が実行されるまでの道のりは、いまだ遠い。

〈コラム〉議論なき「大改革」

レオナード・ショッパは、一九九一年の著書『日本の教育政策過程』(訳書は小川正人監訳で、二〇〇五年に三省堂より刊行)で、日本の七〇〜八〇年代の教育改革がなぜ失敗し、全体としては「現状維持」に留まったかを分析している。

ショッパはその原因を、教育政策決定が教育関係者だけの狭い空間でおこなわれていることや、改革を求める強い国民的支持の不足、そして革新野党による現状維持の積極的な擁護などに求めている。

そして、文部官僚や自民党文教族による保守主義と、改革への強い「外圧」の欠如は、中教審「四六答申」や臨教審による壮大な改革提言を、ほぼ骨抜きにする結果となったと、ショッパは分析している。

このようなショッパの分析は、どれくらい現在にも当てはまるのだろうか。安倍政権下では、新教育基本法の成立に続き、教育再生会議を実働部隊として、さまざまな改革が矢継ぎ早に進められてきた。

教育再生会議の第一次報告に基づく教育関連三法改正案の国会提出を可能にするため、中教審は約一カ月で審議を終えるという異例の事態となった。この改正案には、教員免許更新制や各学校種の目的の見直しなど、学校教育制度の根幹に関わる改革が含まれている。

にもかかわらず、それらに対する強い批判や抵抗は目立っていない。教育再生会議第一次報告には、今回の法改正案に盛り込まれたもの以外にも多数の提案が含まれており、その後も大学・大学院教育や家庭教育に関して大胆な意見や提言が続出している。

第二次報告および最終報告まで合わせれば、現下の教育現場を土台から揺るがすような「改革」が、大きな国民的議論を経ないままに、あっという間に実現されていくことになりかねない。

こうした状況は、ショッパの分析した七〇～八〇年代とは相当に異なり、もはや日本の教育に「現状維持」の力学がかつてほど働いていないことを意味している。革新野党勢力が明確に弱まり、学校教育に対する一般世論や他省庁からの厳しい見方が強まったことにより、文教族や文部科学省の保守主義は後退戦を余儀なくされている。

そうしたなかで、学校教育は政治や経済など他の諸領域の意図でもみくちゃにされようとしている。

これまでの「現状維持」に問題がなかったわけではない。その改革が必要だとしても、改革には教育という領域固有の論理や使命が貫かれる必要がある。教育外部からの圧力に抗しつつもそれとの調整をはかり、内部からの改革を推し進めるという困難な課題に、現下の日本の教育は直面している。

〈コラム〉「キャリア教育」だけなのか？

仕事や精神的よりどころの面で、「生きづらい」状態に置かれている若者たちが増えている。彼らの声を代弁する存在である雨宮処凛《あまみやかりん》さんは、ある場所で次のように書いている。「……だって、学校で教えられてきたことは全部嘘だったのだ。頑張れば上昇できると小学校から高校までの一二年間、どれほど刷り込まれてきただろう。そしてそのために、どれほど無駄な努力をしてきただろう」（「ロストジェネレーションの仕組まれた生きづらさ」『世界』二〇〇七年一二月号）。

もちろんここには、雨宮さんらしいレトリカルな誇張が含まれている。しかし、「学校で教えられてきたことは嘘だった」という失望感を抱えて生きている若者は、けっしてすくなくない。

そして、現在の学校教育がそのような問題をはらんでいることは、教える側の人々にも認識されるようになっている。たとえば、日教組副委員長の高橋睦子《たかはしむつこ》さんは、「たしかに、若者の労働については日教組にも責任があると思っています。〈中略〉学校での学びと社会に出てからの労働というつながりについては、私たち自身が向き合うべき教育課題だと思うんです」（「崖っぷちの教育界を救うために今、私たちができること」『論座』二〇〇七年一二月号）という率直な反省を述べている。

これまで日本の教育は、子どもが社会に出たあとの仕事や生活と、教育内容との連関についてあまり顧慮せずにすんできた。それは、新規学卒一括採用の慣行と企業からの高い若年労働力需要により、若者の「学校から仕事への移行」が表面的にはきわめてスムーズであったことによる。

だが、そのような学校教育と仕事との関係性は、一九九〇年代になるとまたたく間に崩壊してしまった。確かに二〇〇三年から二〇〇四年ごろを境に、新規学卒採用需要に回復が見られる。とはいえ、それでも若者の一定数は、不安定な状態のままで学校をはなれるし、いったん正社員になったものの、仕事の過酷さやミスマッチにより離脱する者もあとを絶たない。

こうして、従来の関係性が成り立たなくなったことから、ようやく学校教育は、子どもや若者を仕事生活・社会生活に向けて、いかに準備させることができるのかという課題に直面することになった。

いまのところ、この課題への対応は、「キャリア教育」という、意識啓発や「体験」の提供にかたよったものに留まっている。しかし、「キャリア教育」へのとまどいや疑問の声も、教育現場からあがりはじめている。

他方では、若者自身が自分たちの身を守るために、労働法の知識などを盛り込んだ小冊子の作成・配布に乗り出している——ＮＰＯ・ＰＯＳＳＥが作成・刊行した『しごとダイアリー』はその好例である。若者が適応と抵抗を使い分けて、厳しい外部社会を生きていってくれるようにするために、学校教育は何ができるのか。そのための知恵と工夫を急いで集め、かたちにしてゆかなければならない。

II

超能力主義《ハイパー・メリトクラシー》に抗う

ポスト近代社会を生きる若者の「進路不安」

ポスト近代社会とは何か

「われわれは後にしてきた街を覚えているが、もはや見ることはできない。そして、前方には、目的地の輪郭が、せいぜいぼんやりと見えているにすぎない。濃い霧のなかでは、道に迷いやすく、命にかかわる衝突を起こすかもしれない」（ゲスタ・エスピン＝アンデルセン『福祉国家の可能性』渡辺雅男ほか訳、桜井書店）

社会学者エスピン＝アンデルセンのこの言葉は、現代を生きる私たちの心象風景をたくみに表現している。二〇世紀が終わりに近づくころから、多くの論者は、「ポスト近代社会」、「第二の近代」、「超近代」といった事柄について語るようになっている。それらの議論は、社会のあり方が新しい段階に踏み込みつつあるという認識を共有している。

むろん、国民国家や民主主義、資本主義、科学技術の発展、そして効率や合理性の重視といった、近代社会を特徴づけるさまざまな原理や制度がまったく死に絶えたわけではない。しかしながら、社会学者ウルリッヒ・ベックが述べるように、「近代は連続的に発展するものの、そこにはいままでとは異なった別の社会の形態が生じるのである」（ウルリッヒ・ベック『危険社会』東廉ほか訳、法政大学出版局）。

すなわち、近代を構成する要素の一部が、その自己運動の延長線上で、自分自身や他の要素を掘りくずしたり変質させたりするという現象が、社会のいたるところで観察されるようになっている。そのような事態をここでは、他の議論にならって「ポスト近代社会」の出現と呼ぶことにする。

ポスト近代社会の新しい特徴のひとつは、グローバル化の進展である。近代社会は、国民国家が統治の基本単位であることを前提としてきた。しかし、交通や通信の技術の発展、また超国籍企業の成長などの不可逆的要因により、グローバルな資本・情報・文化の移動や流通の量は加速度的に高まり、その結果、新たにあらわれつつある「世界社会」は、国民国家を揺るがすようになっている（ベック『グローバル化の社会学』木前利秋ほか監訳、国文社）。いまだ国民国家の枠組みが融解したわけではないが、ＥＵ（欧州連合）のような地域共同体の出現が典型的に示しているように、それは従来ほどの確固とした境界ではなくなっている。

もうひとつの特徴は、先進諸国の産業構造の変化である。近代社会の開始とともに、早期に産業化を達成した先進諸国は、第二次世界大戦後の高度経済成長期に、フォーディズム的大量生産によって標準的な生活必需財の普及をすでにほぼ終えた。その後、経済のグローバル化によって、労働集約的な大量生産に従事する製造業は、労働費用の安いアジアなどの後発国に重心を移した。

そして、先進諸国では、生産と消費のフロンティアを、技術やデザインなどの点できわめて付加価値が高く、生産サイクルの短い多品種少量生産の第二次産業と、モノではなくサービスを商品とする第三次産業に求めざるをえなくなっている。このような産業構造においては、飛躍的な経済成長の見込みはすくなくなる。さらに、オートメーションや情報通信技術の発達にともない、労働需要の量と質にも変化が生じ、従来のような標準的・典型的な職業生涯を誰もが送れることを想定しにくくなっている。

新しい特徴の三つ目として、前述のふたつの点と連動して生じているのは、価値や文化の多元化・多様化である。グローバル化は、合理性や効率性などの近代社会の諸価値が世界的に広がるという方向の変化だけでなく、それとは異なる世界中のさまざまな文化との接点が日常的に拡大し、近代社会の原理が相対化されるという逆の側面をもたらす。

また、産業構造の変化にともなう多品種少量生産化は、好みやライフスタイルの多様化をもたらし、さらに経済成長の鈍化や世界的な環境問題の浮上は、直線的で無限の進歩発展という近代社会特有の価値規範を弱める結果を生む。それによって、ポスト近代社会に生きる人々は、特定の文化や価値を共有する度合いがすくなくなり、各個人がそれぞれの生き方を選択し、模索せざるをえなくなる。

ポスト近代社会の新しい特徴をいくつか取りあげ、概観してみた。重要なのは、以上に述べた三つの特徴のうち、とくに第二・第三の点が、社会のなかで人々がさまざまな地位へと選抜・配分されていくときに働く基本原理に、変質をおよぼすようになっているということである。その変質を筆者は、メリトクラシーからハイパー・メリトクラシーへの移行と名づけた（拙著『多元化する「能力」と日本社会』ＮＴＴ出版）。それはいったいどのようなことなのか。

メリトクラシーとハイパー・メリトクラシー

メリトクラシー、すなわち業績主義とは、近代社会の主要原理のひとつである。近代よりも前の社会では、身分制度により人間は出生とともに一生の道筋がほぼ決まっていた。だが、近代社会においては、そうした属性主義の社会体制は公正や効率の観点から望ましくないものと見なされるようになった。

その代わりに近代社会において導入されたのがメリトクラシーであり、これは個々人が過去に何をなしてきたか、これから何をなしうるかに応じて、社会的な地位を配分する仕組みである。そして、メリトクラシーにおいて重要な役割を果たしてきたのが学校教育である。

メリトクラシーが成り立つためには、社会の構成員が能力を伸ばす機会とそれを証明する手段を、すくなくとも形式的には均等に与えられていなければならない。それを実現する場としての学校教育への社会成員の包摂《ほうせつ》が、近代社会においては進んできた。

学校教育では、同じ教室で、同じ教育内容を与えられ、同じ試験によって教育内容の習得度が計測される。むろん、その習得度には個々人の出身家庭がもつ諸資源の量によって差が生じるが、メリトクラシーに基づく社会と学校は、そうした属性主義的な差異を皆無にする責任までは負おうとしていない。

つまり、メリトクラシーは、能力の開発と証明に関する手続き的な公正さを準備することを、その最大の責務としているのである。そして、個々人は、それぞれが示した達成の度合いに応じて、学校教育内部で分岐した各ルートや、学校教育外部の社会、とくに職業世界内の各地位に配分されてゆく。

このようなメリトクラシーにおいて計測され評価される能力は、認知的で標準的な記号操作能力（文字や数字、法則などを正確に適用し、操る能力）を主としていた。なぜなら、行政機関や企業など、近代社会を構成する主要な組織においては、整備された指揮命令系統やルール、そしてマニュアルなどに沿って行為する官僚制の原理が支配的であり、そのような組織においては、この種の能力がもっとも有効であったからである。

しかし、ポスト近代社会においては、こうしたメリトクラシーもいまなお生き続けているものの、そこにさらにかぶさるようなかたちで、ハイパー・メリトクラシーが現出しているというのが筆者の見方である。

ハイパー・メリトクラシーとは、非認知的で非標準的な、感情操作能力とでも呼ぶべきもの（いわゆる「人間力」）が、個人の評価や地位配分の基準として重要化した社会状態を意味している。

ハイパー＝「超」という言葉を冠している理由は、従来のメリトクラシーよりもむき出しで苛烈なメリトクラシーだと考えるからである。なぜなら、ハイパー・メリトクラシーは、認知的な能力（頭のよさ）よりも、意欲や対人関係能力、創造性など、人格や感情の深部、人間の全体におよぶ能力を、評価の俎上《そじょう》に載せるからである。

また、ハイパー・メリトクラシーは、手続き的な公正さよりも、その場その場でのアドリブ的な結果の成否を重視するという点で、不断のパフォーマンスによる永続的な証明を要求するからである。

ハイパー・メリトクラシーは、教育機関や企業などの組織が新たな構成員を選ぶ際の選抜、すなわち採用試験や入学試験においても、また、それらの組織の内部における個人の位置づけや処遇が決定される際にも、いっそう広範に観察されるようになっている。

たとえば、日本経済団体連合会が実施した「二〇〇七年度・新卒者採用に関するアンケート調査」の結果によれば、企業が採用選考時に重視する要素は、過去五年間連続して「コミュニケーション能力」が第一位となっている。大学のＡＯ入試などでも、面接の際に意欲や問題意識をいかに示せるかが合否を左右する。

さらに、教育機関や企業の内部でも、高い地位を獲得するためには、対人能力や交渉力、そして問題解決能力など、不定形で柔軟な能力が従来よりも重要化している。この点について森口朗《もりぐちあきら》は、個々の生徒の自己主張力・共感力・同調力に応じた「スクールカースト」が学校のクラス内で形成されており、それがいじめの温床になっていると述べている（森口朗『いじめの構造』新潮新書）。

このように、旧来のメリトクラシーにくわえてハイパー・メリトクラシーが台頭している背景には、前節で述べたような産業構造の変化や文化・価値の多元化という事態がある。サービス産業や高付加価値多品種少量生産の製造業が中核を占めるようになった産業構造のもとでは、高度な新規需要開拓能力と、接客をはじめとするルーティン的な対人能力が重要化する。

これらはいずれもハイパー・メリトクラシーを招来する。企業組織のフラット化やネットワーク化も同様の結果を生む。また、多元化・多様化した文化や価値を抱くようになったバラバラの個人のあいだで優位に立つうえでも、やはりハイパー・メリトクラシー的な諸能力が必要になる。

とはいえ、このようなハイパー・メリトクラシーは、そのなかで生きる個人、とくに社会のなかでの位置づけが不安定である若者が、みずからの将来の軌跡＝進路を選び取っていく際に、多大な負荷を課すものとなる。その内実を次節で述べよう。

ハイパー・メリトクラシーの弊害

ハイパー・メリトクラシーは、若者に対して、次のような厳しい負荷を突きつける。

①要求水準の高度化という圧力

人格や感情の全体におよぶ能力の発揮を不断に求めるハイパー・メリトクラシーは、若者にとって超えるべきハードルや満たすべき要請が、高度化することを意味している。若者は、つねに前向きで、やる気と根性があり、周囲に対する敏感な配慮ができて、独自な発想をもっていなければならない。

教育機関や職場、まわりの人々からのそうした顕在的・潜在的な要求は、若者にとってきわめて「しんどい」ものとなる。とくに、グローバルな経済競争の激化や技術革新により、いかなる就労形態であっても求められる労働の質と量の水準が上昇していることともあいまって、仕事の世界におけるハイパー・メリトクラシーの要請は厳しいものとなっている。

若者のなかには、そうした要請に自然に応えられる者や、応えるべく最大限努力する者も多い。だが、ある時点で要請の過重に気づき、それに自分が応えられないと思った者は、教育機関や職場からの離脱・退出を選択することにもなる。

②属性的格差の顕在化と対処策の不在

ハイパー・メリトクラシーが求める柔軟な諸能力は、個々人の存在全体に関わるものであるため、それらは一朝一夕に獲得しにくい。それらは、幼少期からの家庭内・家庭外での生育経験を通じ、長い時間をかけて形成される。

その際には、個々人が出身家庭の内外にどれほど潤沢な経済的・文化的・社会関係的な諸資源を有していたかが決め手になる。そのため、たとえば青年期に達した時点でその格差があきらかになったとしても、その差を挽回《ばんかい》することはむずかしい。そうした諸能力の格差は、まるで資質や性格のように、個々人に生得的・内在的に帰属するものと受けとめられる。そして、こうした格差は昂進《こうしん》的性質をもつ。すこし内向的であることによって集団内で疎外され、いっそう対人関係の苦手意識を強める、といったように。しかも、このような格差を早期からできるだけ縮小するような施策や制度、実践は、現在の日本ではほとんどこうじられていない。それゆえに、ハイパー・メリトクラシー的な能力の格差や不足は、放置された状態にある。

③評価の恣意性

すでに述べたように、ハイパー・メリトクラシーにおいては、明確で定式化された評価の基準や尺度、言い換えれば「正解」は存在しない。対人能力ひとつにしても、どのような振る舞い方が適切とされるかは、その場その場に支配的な対人関係のモードや、文脈など「場の空気」によって異なる。

しかし、どのような「場の空気」が支配的であるか、どのような行為が「空気が読めている」ことになるかは、その場に居合わせている個人のタイプや、そのなかで相対的に大きな権力をもつ者によって恣意的に決定される。

たとえば、企業の採用面接の際に、いかなる振る舞い方がもっとも適切とされ、高く評価されるかは、面接官の好みや経歴によって左右される。同じ大学の出身であることによって面接官と話が合い、採用されたとしても、それは応募者の「意欲」や「コミュニケーション能力」が高かったからだと説明される。

それゆえ、ハイパー・メリトクラシー的な評価や選抜には、つねに不当な差別や不公正が入り込む。にもかかわらず、それらは隠蔽《いんぺい》される。

そうした状況は、評価され選抜される側の若者からすれば、自分の軌跡を主体的に選択していくことが不可能な状態であることを意味する。生殺与奪《せいさつよだつ》の権利が、評価する側・選抜する側の恣意的な判断にゆだねられているからである。

経済産業省が二〇〇五年に実施した「社会人基礎力に関する調査」では、新卒採用プロセスの問題点として「採用基準が明確でない」ことをあげた企業は一五％にすぎないが、大学生では六一％までがこの問題を指摘している。不透明な評価基準の前で、若者は立ちすくまざるをえなくなっている。

④自己責任化と自己否定・自己排除

このように、ハイパー・メリトクラシー下で要求される能力は、高水準で、その形成の方策が整備されておらず、かつ評価や選抜が不透明である。それによって、若者は、無防備なまま個々別々にそうした状況に何とか対処せざるをえなくなっている。

何ら将来の道筋が示されないままに、自分の軌跡をみずから切り開くことが、「主体性」や「自己決定能力」などの名のもとに、ハイパー・メリトクラシー的能力の一環として期待される。それに失敗した場合には、そうした能力や意欲、そして努力を欠いていたとして、自己責任に帰される。

実際に、若者のなかには、学習や仕事に挫折した場合、自分自身で責任を抱え込み、環境ではなく自分を罰するようなかたちで退出をはかる例があとをたたない。過度の長時間労働や過重なノルマ、すさんだ人間関係に耐えられず企業を辞めた場合でも、「他の社員はがんばっているのに、自分には無理だった」というように、みずからを責める。

そして、正規労働から非正規労働へ、非正規労働から無業へ、無業からひきこもりへ、さらにはこの世から退出して自殺を選ぶというように、ハイパー・メリトクラシー下で「使えない」と自他によって定義された人間は、社会の中心から周縁へとみずからを排除していく。これは、社会のあり方に対する批判や抵抗という摩擦を生じさせないという、既存の社会体制の維持にとってきわめて効率的な状態が、残酷にも成立していることを意味する。あらゆる失敗や問題を個人のハイパー・メリトクラシー的能力の不足に帰してしまうことは、社会の構造的な矛盾やひずみへの問い直し、そして変革を阻害する結果をもたらすのである。

⑤限度のない没入

逆に、ハイパー・メリトクラシーの要請に応えて社会の中核部分に留まろうとする場合、個人は人格や感情のすべてを他者にさらし、適応に没入することになる場合が多くなる。たとえば「仕事にやりがいをもって打ち込むこと」が美徳とされるために、見合った処遇をともなわないままに、際限なく「働きすぎ」る状態が生まれる。

好きなバイクにいつも乗れることから仕事にのめり込むバイク便ライダー。高齢者の笑顔を引き出すために自分をすり減らす介護ワーカー。裁量や工夫によって店の売上を伸ばすため休みなく働くコンビニ店長。「お客様に最高の時間を」というスローガンを唱和してサービスに打ち込む居酒屋店員……。当てはまる例は、枚挙にいとまがない（くわしくは本書Ⅲの「〈やりがい〉の搾取」を参照）。

このような状態に疲弊しきって、前述のように自己退出を選ぶ者も多い。その意味で、ハイパー・メリトクラシー社会とは、個人のエネルギーを吸い取れるだけ吸い取って「使い捨て」る社会でもあり、中心と周縁は「地続き」なのである（熊沢誠『格差社会ニッポンで働くということ』岩波書店）。

ハイパー・メリトクラシー下の「進路不安」への対抗策

前節で述べたハイパー・メリトクラシーの負の面に、すでに多くの若者は気づいている。そして、その気づきが自分の将来の軌跡に対する「不安」をもたらしている。

何をどうやって選べばいいのか。自分が選んだからといってそれを実現することができるのか。自分がやっていけるのか。必死で耐えてやっていくことに意味があるのか。若者はそういった「不安」に、多かれすくなかれ襲われながら生きている。

このような若者の苦境の改善を目指して、すでにさまざまな提案がなされている。そのなかには、若者に「人間力」をつければすべて解決するといった、むしろハイパー・メリトクラシーを煽《あお》るほうにしか機能しない提案もある。他方で、労働市場における採用基準の明確化と年齢・経歴による差別の禁止、そして正社員・非正社員間の均衡処遇の実現などは、若者に対して一定の展望と安心を与えるものとして、すぐにでも取り組まれるべきものである。また、他方には、ベーシック・インカムなど、若者に対して端的な生活の保障を与えるべきであるという提言もある。たとえば山口毅《やまぐちたけし》は、若者に対して社会がアカウンタビリティ（説明責任）を果たすうえで、進路指導や教育によって対処できる範囲には重大な限界があり、必要なのはセーフティネットとしての福祉であると主張している（山口毅・大多和直樹「進路選択と支援」本田由紀編『若者の労働と生活世界』大月書店）。

筆者もまた、他国とくらべて若者への福祉が手薄すぎる日本の状況（広井良典『持続可能な福祉社会』ちくま新書）は問題であり、改善が必要だと考える。

しかし、労働市場改革や福祉の拡充だけでは、ハイパー・メリトクラシーへの対抗策としては不十分である。なぜなら、若者が自分の軌跡＝進路を選び取り、つくっていかなければならないという課題は、やはり残されているからである。

それでは、茫漠《ぼうばく》としており、それゆえにこそ前節で述べたような多くの負荷を若者に課しているハイパー・メリトクラシーに抗しつつ、若者の「進路選択」という不可避の課題に対しても対処の手掛かりを得るためには、何が必要なのか。

これについて筆者は、「柔軟な専門性（flexpeciality）」という概念と、それに基づいた教育面・労働市場面での施策が有効であると考えている。

「柔軟な専門性」とは、次のような考え方である。すなわち、個々の若者に、まず将来の軌跡の入口としての専門的知識やスキル、あるいはそれらを発揮する場を用意する。ただし、その専門性はあくまで入口にすぎず、関連のある隣接分野へと将来的に転換・発展したり、より一般的で普遍的な知識やスキル到達したりするためのベースとして位置づけられる。いわば、成長にともなって脱皮を繰り返していく「柔らかい殻」、それが「柔軟な専門性」である。

具体的な例をあげよう。たとえば、高校では、何らかの専門分野やテーマを切り口としながら、それに関連づけつつ普通科目の力もつけていくような教育課程編成を導入すること。あるいは、企業では、採用は職種別におこなうが、その後の職種転換やキャリア展開の可能性は、本人の希望にそくして柔軟に開いておくこと。これらが「柔軟な専門性」の具現となる。

ハイパー・メリトクラシーでは、意図的な形成や体系的な評価が困難な、抽象的諸能力が支配的になる。それに対して、「柔軟な専門性」は、他人に教えたり習得を証明したりすることが可能な知識・スキルを骨格としつつ、それを通じて、より幅広く柔軟な能力や軌跡の見通しを若者に対して提供しうるものである。

日本社会において、こうした考え方が広く受け入れられ、実施に移されていくことが、ハイパー・メリトクラシーがもたらす多くの弊害への対抗策のひとつとなりうるのではないか。

無責任で過剰な要請や期待を若者にただただ突きつけるのではなく、ある程度の確実性をもつ成長の筋道を提示することが、社会や年長世代の責務であろう。「柔軟な専門性」を含む具体的で実質的な方策が、広範にこうじられることを切望する。

いまこそ専門高校の「復権」を ――「柔軟な専門性」を鍵として

はじめに

専門高校の職業教育は、現代日本のいわば「忘れられた」存在である。日本の高校生は、普通科に在学する生徒が全体の約四分の三を占めており、職業教育を主とする専門学科（以下、職業学科と略記）の在学者は約五分の一にすぎず、しかもその比率は減少の一途をたどっている。

また、一九九〇年代半ばから二〇〇〇年代半ばにかけての若年雇用問題をめぐる諸政策や議論のなかでも、高校における職業教育は、周辺的な取りあげられ方をされてきた。これらの政策や議論のなかで強調されてきたのは、キャリア教育や総合学科などの新しい制度や取り組みであった。専門高校については、そのごく一部が活性化の対象とされるに留まる。

このような現状に対して本稿では、現代の社会と個人にとって専門高校がもちうる意義について、認識と関心を喚起することを試みる。従来の日本では、強い普通教育志向が存在してきたため、高校における職業教育の意義は見失われていた。しかし、産業構造や雇用構造の変化のもとで、個々人の職業面での展望が不透明化・不安定化しているいま、高校の段階で「柔軟な専門性（flexpeciality）」の第一段階となる学習機会を広く提供することが、新しくかつ緊急の課題になっている。

専門高校在学者比率の変化と国際比較

日本における専門高校の現状を把握するために、まず各学科の生徒が高校生全体に占める比率の推移を概観しよう。

工業科については、一九七〇年前後に在学者比率がピークを迎えて約一三％に達したが、その後減少して、八〇年代には一〇％を下まわった。商業科は六〇年代には約一七％で一定していたが、七〇～八〇年代を通じて減少して、現在は七％台に留まる。農業科は、五五年の時点では約八％を占めていたが、その後減少を続け、九〇年代には三％弱となっている。家庭科も五五年には八％であったものが、現在は一％台である。水産科および看護科の比率は一貫して一％におよばず、二〇〇〇年代に入って開設された情報科・福祉科もいまだにきわめて少数に留まっている。

他方で、普通科在学者の比率は、七〇年ごろまでは六割未満で推移していたが、七〇年代に急増して、八五年には七割を超えた。以後は、九〇年代の総合学科の設置によって微減しながらも、七二～七三％の水準を維持している。「その他の専門学科」および総合学科は、九〇年代から二〇〇〇年代にかけて、わずかではあるが着実に比率を伸ばし、二〇〇六年に

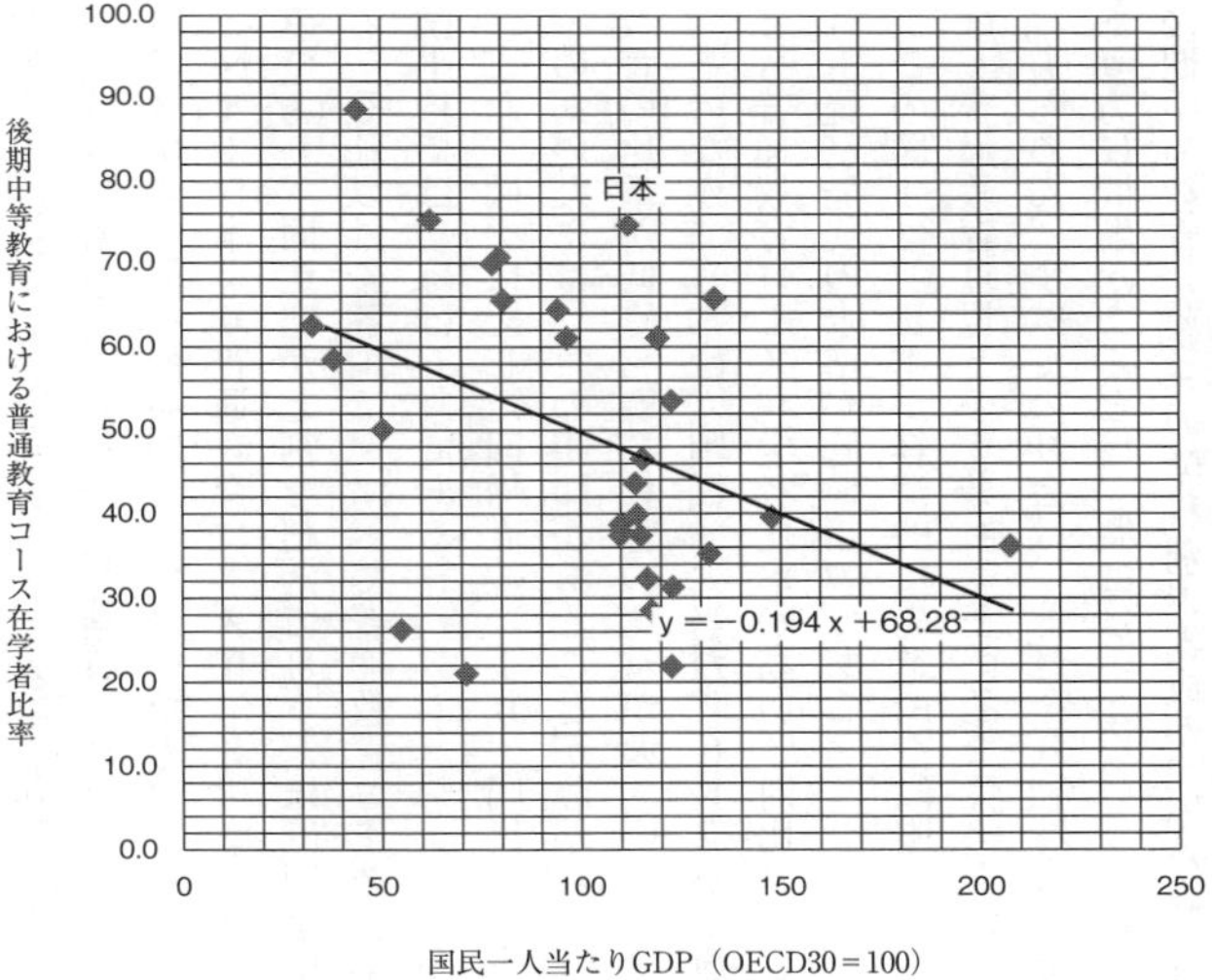

図4　国民一人当たりGDPと後期中等教育における普通教育コース在学者比率の関係

は、それぞれ三％と四％を占めている。

　このように、職業学科の在学者比率がそれぞれ減少してきた結果、それらの合計比率は六〇年代の約四割から九〇年ごろまでのあいだに顕著に減少し、近年では約二割へと半減している。このような量的推移は、高校における職業教育の位置づけが高度経済成長期以降、一貫して後退をとげ、代わって普通科への傾斜が強まってきたことを示している。

　では、日本のこうした現状は、国際的に見るとどのように位置づけられるのか。図4は、世界の主要諸国の後期中等教育（高校に該当）における普通教育コース在学者比率を縦軸に、各国の国民一人当たりGDP（国内総生産）額（OECD〔経済協力開発機構〕加盟三〇カ国の平均を一〇〇としたときの相対値）を横軸にとり、各国の位置を散布図として描いたものである。

図4で日本より普通教育コース在学者比率が高い国は、メキシコとハンガリーの二カ国のみであり、同比率が七割を超えて日本とほぼ同水準にある国は、韓国とポルトガルに限られる。それ以外の各国は、すべて普通教育コース在学者比率が七割未満であり、OECD加盟国平均では、ほぼ五割である。

また、図中に記した回帰直線により、国民一人当たりGDP額と普通教育コース在学者比率のあいだには、負の相関があることがわかる。つまり、経済的に発展している国ほど普通教育の比重が低く、職業教育の比重が大きいという関係が、全体としては観察される。

そのなかで日本は、国民一人当たりGDP額がOECD平均を超える諸国のうちで、もっとも普通教育コース在学者比率が高い。同比率が日本と同程度か、それ以上の各国は、いずれも経済発展の水準が低い諸国である。

この図4は、日本が経済的に先進的な段階にあるにもかかわらず、後期中等教育に関しては、普通教育重視という発展途上国的な性格を保持し続けていることをあらわしている。

もちろん、すべての社会は、それぞれ独特の歴史的経緯や内部構造をもっており、日本のあり方に問題があるとは一概にはいえない。しかし、世界の全体的な趨勢《すうせい》のなかで、日本の後期中等教育（高校）の学科別の編成が、かなり特異な位置を占めているということは、客観的に認識すべきである。

専門高校からの進路と教育内容のレリバンス

専門高校の量的比重が日本で縮小してきた理由は、戦後日本社会では、人々のあいだに強い平等・均質志向と経済的上昇志向が広く見られ、それは教育面では進学志向、そして進学を有利にするための普通教育志向としてあらわれていたことにある。周知のように、中学から高校への進学率は、一九五〇年代半ばの約五〇％から、六〇年代はじめには七〇％を超え、七〇年代には九〇％を超えるという急上昇をとげる。五〇年代末から六〇年代にかけての「高校全入運動」（高校は、進学希望者全員を受け入れるべきだという運動）は、その大きな動因となっていた。

さらに、高校から大学・短大への進学率も、六〇年代半ばの一六〜一七％から、七五年には四〇％弱へと急増し、九〇年代にふたたび上昇して、二〇〇六年には五〇％近くに達している。学科別に見ると、普通科からの進学率は、すでに六〇年代後半から四割前後に達し、九〇年代にはさらに増加して五割を超えている。

それに対して、職業学科からの大学・短大進学率は、九〇年ごろにいたっても一割におよばず、近年は上昇して二割弱となっているが、普通科とのあいだには依然として大きな開きがある。それはいうまでもなく、職業学科では専門教育に関する教科・科目の履修が定められているぶん、普通教育に関する教科・科目の時間数がすくないため、大学受験の際に不利になりやすいことによる。そうした進学上の不利さが、日本社会における強い進学志向のなかで、専門高校の「地位低下」と普通科偏重をもたらしてきた。

それでは、就職という面では、専門高校の位置づけはどのように変化してきたのか。高校学科別の就職率の推移を見ると、職業学科では八〇年代まで一貫して就職率が八割前後を占めており、就職者を送り出す教育機関としての専門高校の役割は明確であった。しかし、職業学科からの就職者比率は、九〇年代に入っていちじるしく減少し、二〇〇〇年代には四割台で推移している。

このように職業学科からの就職率が近年、とくに低下しているおもな理由は、九〇年代以降の経済環境や産業構造の変化により、新規高卒求人数が激減したことにある。ただし、二〇〇五年ごろから団塊世代の大量退職期を迎えたことから、新規高卒労働力需要には一定の回復が見られる。とはいえ、それが今後、長期的に維持されるかどうかについては、楽観が許されない。

もちろん、普通科からの就職率が近年では一割に満たないこととくらべると、現在でも職業学科では就職という進路が相対的に大きな比重を占めている。だが、職業学科にしてみれば、就職者が半数を割り込んでいるという事態は、みずからの役割や機能をどのように規定すべきかが、不明確になっていることを意味する。

また、就職率だけではなく、就職先の職種と学科との対応を見ても、学科によって違いはあれ、総じて職種と学科との対応が弱まってきていることは否定できない。その背景には、農業科や水産科のように、学科に対応した産業自体が縮小してきたことや、高卒後の進学者の増加により、従来は高卒者が就くことができた事務職や準技術職の仕事が、高学歴者によって代替されてきたことなどがある。

以上で見たように、進学率・就職率および就職先職種と学科との対応という面から検討する限り、現在の日本社会の情勢のなかで専門高校の役割は、ますますあいまいなものとなり、また不利なものになりつつあるように見える。

しかし、別の角度から見れば、専門高校はいまなお重要な存在意義をもっており、その意義は今後いっそう重要になる可能性さえある。それを示唆する指標のひとつは、卒業後の就労形態である。

近年の若者の就労状況に関するいくつかのデータを分析すると、高卒後に労働市場に出た若者のなかで、職業学科の卒業者は、普通科の卒業者にくらべて「フリーター」になる比率が低く、正社員に就業できる比率が相対的に高くなっている。九〇年代半ば以降、若年労働市場全体、とくに新規高卒労働市場がきわめて不安定化するなかで、高卒後に社会に出る若者に対して、専門高校は普通科とくらべて比較的安定性の高い職業キャリアを提供してきたのである。

それを可能にしているのは、第一に、専門高校において企業との「実績関係」を通じた就職という従来のルートが細りながらも存続しているということ、第二に、専門高校の就職指導が充実していることであると考えられる。しかし、本稿が着目するもうひとつの側面は、専門高校の教育内容そのものの「職業的レリバンス（意義）」ということである。

教育内容の職業的レリバンスとは、学生時代に学習した内容が、それを学習した個人にとって、その後の職業生活でどれほど有益に働いたかということを意味している（拙著『若者と仕事』東京大学出版会）。それは、卒業直後に就いた職種などといった表面的な指標のみでは把握することができず、レリバンスについての個々人の主観的な評価の検討を必要とする。

就労経験をもつ個人に対して、みずからが経験した学校教育の職業的レリバンスをたずねた調査データからは、専門高校の職業的レリバンスが普通科とくらべて明確に高く、ときには大学教育の職業的レリバンスをも上まわっていることが見いだされる。このことは、高校の普通科の職業的レリバンスがきわめて低いことを意味している。

こうした実状は、近年でも高卒就職者の四割近くを普通科卒業者が占め、また高卒後に「一時的な仕事に就いた者」の大半を普通科卒業者が占めているという現実と照らし合わせたときに、重大な意味をもつ。

つまり、高卒者は、より高い学歴をもつ者とくらべて、労働市場において不利な位置づけをこうむりがちであるが、とくに普通科卒業者の場合は、職業世界への準備がまったく欠落したまま、厳しく不安定な若年労働市場に立ち向かわざるをえない。それにくらべて、職業学科出身者は、高校において職業的レリバンスのある教育を経験し、職業世界に向けて一定の準備を獲得している点で、高卒者のなかでは望ましい状態にあるといえる。

また、専門高校の教育内容は、職業に関する知識やスキルの獲得という狭い意味での職業的レリバンスに限られず、より広い意味でのレリバンスをもちえているということを示唆する分析結果がある。それは、とくに男子の場合、専門高校に在学している生徒の「対人能力」に関する自己評価が、普通高校の生徒よりも高いということである（拙著『多元化する「能力」と日本社会』NTT出版）。

自己評価が高い理由は、専門高校では、学校内外での実習などを通じて、多くの他者とともに共通の課題や作業に取り組む経験が豊富なので、他者との関係を形成する能力を身につけやすいからなのではないかと考えられる。近年、仕事の世界では、「対人能力」が求められる度合いが高まっている（本田、前掲書）。そのような能力を形成する機能が、専門高校においては比較的高いということについて、社会的な認識や注目がより高まる必要がある。

このように、専門高校における職業教育は、実際には職業的レリバンスや「対人能力」の形成という潜在的意義をもちえてきた。にもかかわらず、そうした潜在的意義は、進学志向の強まりなどの陰で、社会から見すごされてきたといえる。

専門高校をめぐる近年の施策

専門高校の職業教育が「忘れられた」存在であったということは、近年の若年雇用政策や教育政策の動向からも確認できる。

一九九〇年代半ば以降、日本社会では若年雇用問題がかつてなく深刻化した。そして、二〇〇〇年代に入ってから、政府はようやく本格的な若年雇用政策に乗り出した。二〇〇三年度から開始された「若者自立・挑戦プラン」（以下「プラン」と略記）である。

この「プラン」のなかで、専門高校に関連する施策は「特色ある取組を行う専門高校」の活性化（「目指せスペシャリスト」）および専門高校における「日本版デュアルシステム」という、専門高校のなかでは特別な取り組みに焦点化したものに限られる。これらの施策に該当するのは、現存する専門高校のなかの約一割にすぎない。

つまり、近年の若年雇用政策は、日本の高校のなかでは、もともと量的比重のすくない専門高校の、さらにごく一部を対象として、特別な教育プログラムの実施を推進することによるてこ入れをはかるものである。よって、専門高校の量的拡大や、普通高校への職業教育的要素の導入を通じて若者に仕事の世界へと備えさせるという発想は、ほとんど見当たらない。

若年雇用政策のなかで強調されてきたのは、職業教育ではなく「キャリア教育」である。二〇〇六年度の「プラン」のなかでも、中学校を中心とした五日間以上の職場体験（「キャリア・スタート・ウイーク」）や、企業人等を講師として学校に派遣する「キャリア探索プログラム」、そして企業において就業体験をする「ジュニア・インターンシップ」など、すべての学校段階を通じてキャリア教育を推進すべきことが掲げられている。こうした政策の方向性を反映して、実際に何らかのキャリア教育を導入する学校が急増している。

しかし、そうしたキャリア教育は、「勤労観・職業観の育成」など道徳主義的性格が強い。

また、「職場体験」などの形式的実施に留まる場合も多い。したがって、「職業教育（専門教育）の充実という視点が著しく弱いと言わざるをえない」（児美川孝一郎『権利としてのキャリア教育』明石書店、一三六頁）と指摘されている。

また、高校教育改革に関する諸政策においても、専門高校の意義に関する認識は希薄である。確かに、「職業教育の活性化方策に関する調査研究協力者会議」の答申「スペシャリストへの道」（一九九五年）や理科教育および産業教育審議会の答申「今後の専門教育の在り方等について」（一九九八年）では、今後の専門高校は、社会や経済の変化にそくした「スペシャリストの基礎」を育成する役割を担う教育機関となるという方向性が強調され、普通科にも広義の職業教育を導入することを含む幅広い構想が提言されていた。

だが、その後の教育政策が、これらの提言の実現に向けて進展してきたという形跡は見られない。たとえば、二〇〇七年一〇月時点で、文部科学省のホームページの「高等学校教育改革の推進」欄には、総合学科や単位制高校、中高一貫教育、コミュニティ・スクール、高等学校卒業程度認定試験、定時制・通信制チャレンジ事業、スーパーサイエンスハイスクール、そしてスーパーイングリッシュランゲージハイスクールなどの施策がならんでいるものの、専門高校関連では、前述の「目指せスペシャリスト」および「日本版デュアルシステム」が掲げられているだけである。高校教育改革は、専門高校をいわば「迂回《うかい》」しつつ、それ以外の多様で柔軟な新構想の制度を導入するかたちで進められてきた。

ただし、専門高校の教育現場では、上記の諸答申で打ち出されていた方向性に沿って、現代の社会や産業構造に適合し、高校生の学習ニーズや関心にそくしたものへと教育内容をつくり変えようとする、地道な取り組みが進められている。

最近では、商店街の活性化や、地元の特産品等を使った商品開発、家屋の耐震診断など、地域の課題の解決に取り組む専門高校も増加している。しかしながら、そのような専門高校の努力や、専門高校における職業教育の意義に対して、社会から十分な関心が払われているとはいえない状況にある。

「柔軟な専門性」(flexpeciality)を目指して

高校における専門教育・職業教育に対して、社会からの関心が薄い理由のひとつは、日本では「専門性」という概念が、硬直的にとらえられがちなことであろう。一方には、「専門性」とは、きわめて固定的で柔軟性を欠いたものであるという見方が広く存在する。その裏返しとして、他方には、ある時点で特定の「専門性」を身につければ、一生それで身を守っていけるといった期待も強い。

もうひとつの理由は、そもそも学校教育は仕事には「役に立たない」のであり、仕事に必要な知識や能力は、会社に入ってから実地で身につけるしかないという考え方が強いことである。さらには、学校教育においては共通の教育内容を「平等に」学ぶべきであり、早期の進路分化は「差別」につながるという考え方も根強い(苅谷剛彦『大衆教育社会のゆくえ』中公新書）。

しかし、日本社会でこのように専門教育・職業教育に対する否定的な見方が強いことをもって、学校教育、とくに高校段階における専門教育・職業教育を放棄してよい理由にはならない。なぜなら、職業世界や労働市場が不安定化・流動化の度合いを強め、企業による長期雇用や能力形成という、従来の庇護《ひご》を享受できる者が減少している現在、個人はみずからの職業生涯を築いていくための足場としての専門教育・職業教育を受ける機会を確保できることが不可欠になっているからである。

そのためには、義務教育修了直後の高校という教育段階がもっとも適切だといえる。このことは、高卒後に進学するか社会に出るかを問わず、すべての若者に当てはまる。

それゆえ本稿では、「専門性」についての否定的な考え方から脱却しつつ、今後の職業教育や職業キャリアを再編していくうえでの指針となる概念として、「柔軟な専門性（flexpeciality）」という概念を提唱したい。flexpeciality とは、flexibility（柔軟性）と speciality（専門性）を合成した言葉である。「柔軟な専門性」とは、特定の専門領域や分野、テーマを入口ないし切り口としながら、徐々にそれを隣接・関連する領域へと拡張・転換していくことを通じ、より一般的・共通的・普遍的な知識やスキル、あるいはキャリアを身につけていくプロセスを意味している。それを模式図として示したものが図5である。

この「柔軟な専門性」を、一方では教育課程編成を通じて、他方では職業キャリア形成を通じて、実現していくことが求められる。

つまり、第一に、高校のみならず大学などの教育機関の教育課程は、実生活や職業に密着した特定の専門領域やテーマに関する具体的な知識やスキルを伝達するだけでなく、そうした領域・テーマの現状を時間的・空間的な広がりのなかに位置づけ、問題点や将来像についての高次な認識をも形成できるようなものである必要がある。

さらに、特定領域やテーマに関する学習プロセスを通じて、言語や数量などの操作・処理能力、あるいは対人能力などの抽象性の高い能力をも身につけうるものとして、教育課程は編成されるべきである。

こうした「柔軟な専門性」は、特色ある学科・コースの設置や学校設定科目の工夫を通じて、普通高校でも取り組まれる必要がある。専門高校では、専門科目と密接に関連づけながら、普通科目の教材や内容を選択することが、「柔軟な専門性」を実現していくうえで有効である。

たとえば、工業科において、世界史の授業に技術史の知識を豊富に盛り込むことや、英語教材として技術や工学に関する内容のものを取りあげる。また、実習やプロジェクト学習、校外の地域や企業、他の教育機関と連携した諸活動などを通じて、自然に対人能力や問題解決能力が形成されるような意図的な配慮が、専門高校によってなされることが望ましい。

第二に、学校教育後の職業キャリアにおいても、最初は特定の職種に専門的に従事するようなかたちでキャリアを開始しつつ、その後は個々人の志向性や関心に応じて、隣接・関連する職種や、より総合的・領域横断的な職種へと転換していけるようなキャリアルートを企

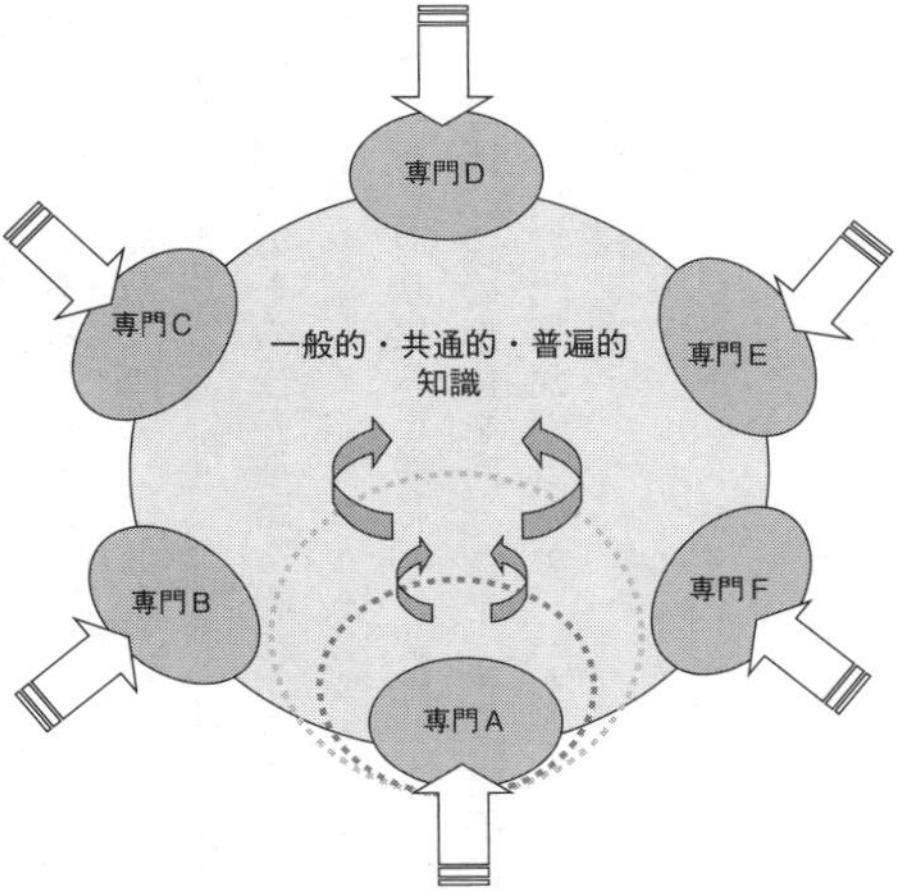

図5　「柔軟な専門性（flexpeciality）」の模式図

業内外に整備することが、「柔軟な専門性」の具現となる。

日本の教育と仕事との関係を、こうした「柔軟な専門性」という方向性に沿って再編することが、多くの問題を抱えている現代日本の若者の「学校から仕事への移行」の道筋を、ふたたび整えていくための重要な一歩となる。そして、これまで日本社会で「忘れられてきた」専門高校における職業教育を、復権させることにもつながると考える。

ただし、そのためには、専門高校がみずからの教育の多様なレリバンスをより自覚し、向上させ、それを社会的にアピールしていくことが必要である。その際には、専門高校が目指す「柔軟な専門性」が、卒業後に仕事に就く場合だけでなく、大学等に進学した場合にも有効であることを社会に示していくことが求められる。

専門高校で学んだ分野と、直接的ないし間接的に関連する分野に進学し、さらにそれを深化させる学習や研究をおこなうことは、若者にとっても社会にとっても、きわめて正当な進路のあり方であることを広く主張し、大学等との連携のもとに、そうした機会を拡大していくことが不可欠である。

また、「柔軟な専門性」の理念に基づくならば、ある時点で特定の専門分野を選択することが、個人のその後の進路を制約することがないように、補充学習などを通じた柔軟な転換のルートを整備しておくことも必要である。

こうした取り組みを通じて、就職にも、そして進学にも、高い有効性をもつ教育機関として、専門高校の地位を向上させ、また量的にも拡大していくべきであると考える。「忘れられてきた」専門高校の復権が、いまこそ、日本社会にとって真剣に取り組むべき課題となっているのである。

〈コラム〉　他人のつらさを自分のつらさに

先日、「働くこと」について若者が語り合っている座談会の記録を読んで（「ポスト世代ですが、何か？」『論座』二〇〇八年三月号）、その参加者のひとりの口から出たいくつかの言葉に、胸がふさがれる思いがした。それらの発言をした若者は、新規学卒就職が回復した二〇〇七年に、威信の高い大学を卒業し、広告会社に入社した男性である。

まず、私の目を引いたのは、いわゆるワーキング・プアであったり、働けなかったりする若者たちに対して、彼が「見て見ぬふり」「知らぬが仏」という気持ちをもっていると述べたことである。「そういう人たちがいる、だから何？って感じですかね」と。

まあ、彼が正直な人間であることだけは確かだろう。そして、このように感じている若者が、彼だけでなく、たくさん存在するのも確かだ。しかし、それならばいっそう、他者の置かれている苦しい状況への想像力や共感力が欠ける若者を、大量に育ててあげてしまっていることについて、私たち年長者は厳しい自戒を要する。

私が胸をふさがれる感を抱いたのは、この男性に「見て見ぬふり」をされている人々の現在と将来の苦境という観点からだけではない。彼自身の将来についても、きわめて危うい面があると感じたからだ。

この男性が、立場の違う他者に対して「見て見ぬふり」をしていられるのは、「やっぱり自分の半径一〇メートル以内ぐらいの人にどう見られるかというのが、つねに自分のモチベーションになっている」からである。

彼は、経歴や境遇において、同質性が高く、狭い範囲のコミュニティのなかで、自分が認められることによりすがって生きている。信念や、人生の目標などはないのだという。私が危惧するのは、そういう狭いコミュニティにおける人間関係というものは、いつ反転して悪意や排斥となってあらわれるやもしれないということだ。そうなったとき、彼は、何に希望を求めて生きていくことができるのだろう。

あるいは、彼は「九時半に出社して一〇時に退社」する生活を送っており、それは「絶妙のバランス」で、不満はないのだという。入社一年目でこのような長時間労働に従事しているならば、今後責任が重くなったときにどのような生活が待っているか、彼は考えたことがあるのだろうか。

他者に「見て見ぬふり」をしつつ、自分の現状に満足している彼が、ひとたび耐えきれないような状況におちいったとき、今度は「見て見ぬふり」をされる側となり、誰にも助けを求められず、みずからを否定するしかなくなることを私は憂う。そして、他者のつらさと自分の（いつか遭遇するかもしれない）つらさを通底したものと感じ、たがいに手を差し出すことができる人間を育てていく教育と社会の必要性を切に思う。

Ⅲ　働くことの意味

〈やりがい〉の搾取 ――拡大する新たな「働きすぎ」

「働きすぎ」という問題

「働きすぎ」があらためて大きな話題になっている。そのひとつの契機は、ホワイトカラー・エグゼンプション法案、いわゆる「残業代ゼロ法案」の是非をめぐって議論が紛糾していることである。

しかし、それだけでなく、現実に三〇代男性正社員を中心として、長時間労働がいちじるしくなっていることが、「働きすぎ」への関心の高まりの背景にある。二〇〇七年一月に公表された連合総研の「暮らしと社会についてのアンケート」結果では、平均的な勤務日において、三〇代男性の在社時間が平均一一時間以上に達しており、とくに三〇代後半では一二時間以上も在社するケースが三五%を占めている(1)。

このデータも示しているように、確かに長時間労働は、とくに正社員において重大な問題である。パート・アルバイトや派遣社員・契約社員などの非正社員の平均労働時間は、正社員とくらべて短いことはいうまでもない。しかし、労働政策研究・研修機構がおこなった二〇〇二年就業構造基本調査の再集計結果によれば、男性「フリーター」の一七・九%、女性

「フリーター」の七・五％は、週四九時間以上働いている。また、男性「フリーター」の五・三％は、六〇時間以上働いている。(2)

長時間労働は、正社員のみの問題ではない。正社員のなかにも非正社員のなかにも、心身の健康や正常な家庭生活を犠牲にするほど長い時間を労働に投入している者が、一定の割合――その大きさは正社員のほうが大きいことは確かだが――で存在するのである。

このような日本の労働者の長時間労働は、いまにはじまったことではない。高度経済成長期からすでに、日本人はワーカホリックだと海外から揶揄《やゆ》されてきた。八〇年代には「過労死」という言葉が生まれ、社会問題化してきた。また、長時間労働は日本に限られたことでもない。多くの先進諸国では八〇年代に、労働時間の下げ止まりが見られ、またいくつかの国では、労働時間が増加に転じる傾向が見られるという。(3)

世界を巻き込むかたちで進行する「働きすぎ」。それは、なぜ発生しているのか。社会経済環境が大きく変化をとげている近年、これまでとは異なる「働きすぎ」のメカニズムが立ちあらわれている可能性はないのか。危険な「働きすぎ」を抑制するためには、それを生み出す現代的なメカニズムを、深部に分け入って把握しておく必要がある。そうでなければ、いかなる対策も的をはずしたものにならざるをえないだけでなく、「長時間労働は自主管理の問題」(4)として、すべてを個人責任化するような見方すら蔓延《まんえん》しかねないからである。

なぜ「働きすぎ」るのか

「働きすぎ」が生じる原因については、これまでもさまざまな指摘がなされてきた。たとえば森岡孝二《もりおかこうじ》は、グローバル経済競争の激化や情報通信技術の発達、消費社会化による利便性の追求、労働の規制緩和、そして株価至上主義経営という五点において、現代の資本主義には「働きすぎ」を強める要因が組み込まれているとしている(5)。

これらはそれぞれ、労働強化をもたらす経済面・技術面・社会面・政策面・経営面に関するマクロレベルの背景要因にあたる。これはすぐれた整理であるが、現代の社会成員のなかでも全員が全員「働きすぎ」ではないことをかんがみれば、このようなマクロな背景を踏まえたうえで、より中間レベルの組織(企業・職場)や、ミクロレベルの個人に関する要因について、踏み込んで考えてみる必要がある。

そのような要因を考慮した説明のひとつに、個人の行動の経済合理性を論拠とするものがある。たとえばロバート・ライシュによると、多様で高度な商品とサービスの生産が求められるようになった「ニューエコノミー」下では、きわめて高い知的柔軟性を備えた労働者と低スキルの単純労働者に労働力が二極化するという。

さらに、前者は時間当たり賃金が高いため、仕事をしない時間の放棄所得が大きくなるという理由で、また後者は時間当たり賃金が低いため、生活を維持する収入を何とか確保する

という理由で、いずれも長時間働くようになると、ライシュは述べている。(6)

しかし、経済合理的行動という側面から「働きすぎ」を説明する見方は、サービス残業のような賃金と無関係な長時間労働については、その説明力に関して限界があるといわざるをえない。

それでは、経済合理性以外の要因としては、何が指摘されてきたのか。とくに日本における「働きすぎ」についての従来の説明では、会社・職場という組織単位での圧力と、それを受け入れてしまう個人という要因がしばしば言及されてきた。たとえば「上司や同僚が残業をしていると自分も帰りにくい」といった、よくある単純な説明もこれに含まれる。

大野《おおの》正和《まさかず》は、そうした単純な説明からさらに一段階深めて、近年の職場集団のなかでの責任や負担のかたよりとしわよせを一手に引き受けてしまった、まじめで責任感の強い労働者において、過労死・過労自殺が生じると指摘している。(7)

このようなかたちでの「働きすぎ」への対処策として、大野は、「職場集団性の問題を自分の身に引き受けることをやめて、もっと自由闊達《かったつ》な働き方・生き方をしようということだ。そのためには、無限定で不明確な仕事分担による古い職場のあり方につながる曖昧《あいまい》な自分を改めていく必要がある(8)」と提言している。

こうした理解でカバーできる「働きすぎ」層は、確かに一定の範囲で存在するだろう。だが、本稿が主張したいのは、すでにこのような理解をはみ出す新種の「働きすぎ」が、相当な規模で出現しつつあるということである。

つまり、大野の言葉でいう「自由闊達な」労働者であるはずの人々、すなわち職場集団に埋没することなく個人としての輪郭が明確な意識をもち、実際にそうした働き方に従事している人々でありながら、「働きすぎ」にのめり込んでいくという事態が、そこかしこであまた発生していると考えられるのだ。それはいったいどういうことか。

「自己実現系ワーカホリック」の諸要素

大野が指摘するようなタイプの「働きすぎ」を、いま仮に「集団圧力系ワーカホリック」と呼ぶならば、それと対置されるものとして、いま存在感を増しつつあるのが「自己実現系ワーカホリック」である。この言葉をつくり出したのは、社会学者の阿部《あべ》真大《まさひろ》であり、阿部が具体的に研究対象としていたのは、バイク便ライダーという職種に従事する若者たちである[9]。

阿部によれば、バイク便ライダーとはバイクという趣味を仕事にしている人たちである。また、彼らの多くは請負契約で働いており、かつバイク便という仕事自体が個々人でおこなうものであるため、職場集団に埋没しているわけではない。大好きなこと＝バイクを仕事にしており、かつ個々人の輪郭が明確であるというこの仕事は、まさに「自由闊達な」働き方の典型といっていいだろう。

しかしながら阿部は、バイク便ライダーの世界において、彼らを「働きすぎ」へといざなう巧妙なしくみが埋め込まれていることを指摘する。そのなかでもっとも重要なことは、バイク便ライダーが「時給ライダー」と「歩合ライダー」という二通りの集団に分割されていることである。

前者は文字どおり、時給で働くライダーであるのに対し、後者は歩合給制度により自分の売上が収入に直結するライダーである。阿部が「自己実現系ワーカホリック」と呼ぶのは後者である。歩合ライダーのあいだでは、月の売上が一〇〇万円を超えるミリオンライダーが英雄視されている。

歩合ライダーたちは売上を伸ばすために路上での危険なすり抜けもいとわず、バイクもそれに適した細身のものを選ぶようになっていく。そして彼らはスリムなバイクを駆《か》って路上をサーキット化することこそが「かっこいい」ものと感じ、休みも返上してバイク便の仕事にのめり込んでいく。こうした世界を描き出したうえで、阿部は「好きなことを仕事にする」ことのこわさ、すなわち「自己実現系ワーカホリック」の危険に警鐘を鳴らしている。

個人性が強い「自由闊達な」仕事でありながら、いや、むしろそうであるがゆえに、「働きすぎ」が生じる側面があることを、「自己実現系ワーカホリック」の問題として指摘したことに、阿部の大きな功績がある。

阿部は、このバイク便の研究において、「自己実現」を構成するおもな要素として、もともと「好きなこと」＝趣味を仕事にもち込んでいることを強調している。しかし、筆者の考えでは、「自己実現系ワーカホリック」を成立させる要素として、阿部の指摘する①趣味性のほかにも、②ゲーム性、③奉仕性、④サークル性・カルト性の三つがすくなくともあげられる。以下、この②〜④について、順に説明をくわえよう。

②のゲーム性とは、阿部のバイク便ライダーのなかにも見いだされる要素である。つまり、仕事における裁量性や自律性の高さ——しばしばそれは疑似的なものであるが——に基づいて、うまくやれば売上や収入が上がるという「ゲーム」に没入していくケースだ。これに該当する例として、居郷至伸《いごうよしのぶ》によるコンビニ店長・副店長を対象としたフィールドワーク調査をあげておこう。(10)

居郷の調査対象であるふたりの若者は、もともとアルバイトをしていたコンビニのオーナーが新店舗を出すにあたって、店長・副店長という役割を与えられた。彼らには、一定の廃棄ロスが出るリスクを踏まえながらも特定の売れ筋商品を多く仕入れるか否か、本部が売り込みに力を入れている特定商品をどれほど店頭にならべるか、雑誌の陳列方法をどうするか、アルバイトの勤務時間管理や働きぶりへの指示の出し方などについて、オーナーによる最終承認は求められつつも、かなりの裁量性が与えられている。

「絶対利益も伸ばしますし、きっちり売りあげも伸ばしながらやっていきますって意志はあります」(11)という言葉にあらわれているように、彼らは自分たちの戦略や力量に自信をもち、それを達成するため、仕事に多大なエネルギーを投入している。居郷が調べた結果によれば、彼らのシフト表上の週当たり労働時間は、それぞれ七七時間と五五時間であり、超過勤務も含めれば、前者は月にして三二一時間も働いているという。

彼らを「働きすぎ」にいざなっているのは、自分の裁量で仕事の仕方を決め、収益を動かすことができるという、疑似自営業者的な就業形態である。先述のバイク便ライダーも請負契約であり、こうした請負契約のもとで働く運送業従事者も、被雇用者のいない自営業主（いわゆる「ひとり親方」）と見なすことができる。そして、その数は近年増え続け、現在は二〇万人近くに達している。[12] こうした自営業的な就業形態にひそむゲーム性が、その従事者を際限のない「働きすぎ」に追い込んでいるのである。

続いて、③の奉仕性とは、顧客に対面的なサービスを提供することを職務としている仕事、たとえばヘルパーや看護師、そして教員など、いわゆる「ヒューマンサービス職」に典型的に見られるものである。ここでの奉仕性とは、職場集団への奉仕ではなく、直接に顧客に向かう奉仕である。

ヒューマンサービス職は、しばしば専門職であり、個人として高度なスキルや知識、職業倫理に基づいておこなわれる仕事である。その意味で、②の疑似自営業と同様に、職場集団に埋没するのではない、「自由闊達な」仕事であることが多い。しかし、ここにも顧客への最大限の奉仕という気高い動機自体が、「働きすぎ」を生み出す要因となるという落とし穴がある。

この点について久保《くぼ》真人《まこと》は、ヒューマンサービスの現場では、顧客の人格や生活史にまで踏み込んだ理解に基づき、多大な情緒的資源を注ぎ込むかたちでサービス提供が要求される場合も多いことを指摘する。くわえて、その結果としてバーンアウト（燃え尽き症候群）にい

たりがちであるということを、Ａ・Ｒ・ホックシールドの「感情労働」論を引きつつ述べている。(13)

ヒューマンサービス職では、「顧客を思いやる心」や「顧客と誠実に関わろうとする姿勢」が、良質なサービスの提供に欠かせない。よって、自分の精力や時間の大半をそれに費やしてしまうというかたちでの「働きすぎ」が生じる場合がある。

このようなヒューマンサービス職の典型例として、ケアワーカーがあげられる。先ほど言及した阿部真大は、バイク便ライダーだけでなく、ケアワーカーについても密度の高いフィールドワーク研究をおこなっており、彼らの世界を次のように描き出している。(14)

ケアの現場でケアワーカーに何よりも要請されるのは、クライアントとのコミュニケーション能力である。「ご利用者とごいっしょにそこにいて、ご利用者が居心地がいいと感じて下さること」が「一番の目標」とされ（ケア職場の経営者の発言）、ケアワーカーの採用の際には、まず人柄が重視される。ケアワーカーは、従来は主婦中心であったが、近年は若者が従事することが多くなっており、若者はこの仕事への熱意をもって参入してくるケースが多い。

若いケアワーカーのあいだでは、「利用者と信頼関係を築くことはむずかしい。そのためには、相手の気持ちになるように心がけている」、「スタッフは認知症の人の『内的世界』に入っていく必要がある。娘さんのことを自分の嫁だと紹介するときは、その人は若いころに戻っているので、スタッフはその時代に合わせて話をしなければならない」といった発言にあらわれているように、「気づき」の重要性が強く認識されている。

このような「気づき」、つまりコミュニケーション能力を向上させるためには、ケアワーカーは「相手のことを知って、自分のことも知ってもらう。長いあいだ、一緒にいるのがい い」といったかたちで、ひたすら長い時間、利用者とともにすごすことになる。その結果、若いケアワーカーは、主婦パートがついていけないほどの懸命さで、長時間労働に従事することになっていると阿部は述べている。このようなケア現場の実態は、奉仕性が「働きすぎ」に転化しやすいことを如実に示している。

そして、④サークル性・カルト性とは、仕事の意義についてハイテンションな、しばしば疑似宗教的な意味づけがなされ、ときには身体的な身ぶりなどをも取り込みながら、高揚した雰囲気のなかで、個々の労働者が仕事にのめり込んでいくようなケースである。これがしばしば見聞されるのは、飲食店などの接客アルバイト労働においてである。この内実を把握するために、以下の事例を見てみよう。

ある居酒屋チェーンは、代表取締役を「師範」、店舗を「道場」、教育・研修を「修行」、採用を「入門」と呼んでいる[15]。各店舗には「師範」が書いた相田みつを風の色紙が飾られており、そこには「夢は必ず叶う」、「最高の出会いに心から感謝」、「おかあさんおとうさん生んでくれてありがとう」、「共に学び共に成長し共に勝つ」などと書かれている。ホームページには「師範からの手紙」が掲載されており、そこには以下のような記述がある。やや長くなるが、雰囲気を伝えるために引用しよう。

〈前略〉私自身も、なんで「○○」（引用者注：居酒屋名）という会社をつくったのか、どんな会社にしたくてつくったのか、ということを、ここ一カ月ほど、真剣に考えていました。で、どうしてもこんな会社に『したい』『していく』『する』が、五つあります。

（1）みんなの夢が叶う会社……より多くの人に「夢」を与えていくためにも、みんなが自分で夢をつかみ取る。一人ひとりが、夢を叶えていくことで、より夢を与える存在となっていく。〈中略〉そんな、みんなの最高の夢が叶う、夢を叶えまくっちゃう、日本一夢の叶う、伝説の会社にしたい。していく。する。

（2）親孝行を大切にする会社……「生んでくれてありがとう。」もちろん、この言葉を強制ではなく、心から言ってほしい。ありがとうの原点は、全ての原点は、この「生んでくれた親への感謝」だと、めちゃくちゃ思います。親への感謝なくして、成功はありえない！

〈中略〉そんな親孝行を大切にしていく会社に、みんなでどうしてもしていきたい。していく。する。

（3）最高に成長できる会社……一人ひとりが自分の可能性に気づき、その可能性を最大限に引きだせる環境にしていく。人としての魅力がおもいっきり身につき、人間的に魅力のある、最高のリーダーになってほしい。〈中略〉日本一、人として最高に成長できる会社にしていくこと。

（4）使命感、志のある会社……坂本竜馬や西郷隆盛、吉田松陰のように、志をもったためちゃくちゃかっこいい真のリーダーが育っていく会社にしたい。日本の未来のために、使命感をもった、熱いリーダーたちと、これからの時代を動かしていく、そんな会社にしたい。もっと、もっと、日本中を最高に熱くしたい。

（5）誇りのもてる会社……もっと、もっと、日本中に○○を知ってもらいたい。もっと、もっと、最高にプラスの影響を、夢を与えていきたい。〈中略〉そして、みんなが、誇りに思える会社にしていきたい。していく。する。〈後略〉

この居酒屋では朝礼が重視されており、朝礼の様子をDVD化して販売している。この会社が紹介されている飲食業界のサイトでも、朝礼の重要性が語られている(16)。

同店にとって、お客の来店時と退店時に発する元気のよい「挨拶《あいさつ》」は、接客の基本となる。予約のお客に対してのみならず、当日初めて来店したお客に対しても、スタッフが会話のなかで名刺をもらうなどして名前を確認し、その名前はその場で全スタッフに伝えられ、退店時には名前を呼び、気持ちのよい挨拶で見送る。

つねに、元気に接客するスタッフだが、もちろん元気のないときもあるという。「人は元気のない時はマイナスの空気を持っていますが、元気のある人と大きな声で挨拶をすることにより、空気がマイナスからプラスへと変化します。○○では朝礼で互いに大きな声を出すことにより店内をプラスの空気で充満させ、お客様をお迎えしています」と料理長で有限会社〇〇副社長の××氏は、いつも万全な体制で開店していることに自信を見せる。

同店のスタッフの離職率はたいへん低い。

「うちはお金を稼ぐことが出来ないバイトです。でも夢を持つことの重要性を感じ、自分自身が成長したことを感じることが出来ます」と××氏は述べる。

この居酒屋チェーンについては「2ちゃんねる」でも話題になっており、「これって宗教?」、「こ、この店、自己啓発セミナーだ」などの書き込みもある一方で、「今日、会社でそのDVD（引用者注：朝礼のDVD）見た。朝礼、気合入りまくってて、最初は引いたけど、自分達もそれくらいあつく仕事できたらなって、思った」というように肯定的な意見も見られる。(17)

このような、サークル的・カルト的な「ノリ」のなかで、自分の「夢」や「成長」を目指して、結局は「働きすぎ」に巻き込まれている若者たちが存在するのである。

以上では、②ゲーム性、③奉仕性、④サークル性・カルト性という要素を説明するために、それぞれについて典型的な職種をあげてきた。とはいえ、実際にはこれらの要素は他の職種においても見られ、ときにはこれらが渾然一体《こんぜんいったい》となっている場合もある。

たとえば、前島賢土《まえじまけんと》が報告する住宅会社の営業職の事例では、「入社して一年経って、〈中略〉営業の目標もやろうというか、やれそうなところになってきた」（調査対象者の発言）というように②の要素が含まれ、顧客の要望をくみ取り、なおかつ適切なアドバイスにより顧客の満足度を高め、納得を得る役割を担うのが住宅会社の営業職であるという点では③の要素、そして住宅業界全体のなかで「営業重視主義」が「業界イデオロギー」として称揚されている点では④の要素が認められる。(18)

この調査対象者は、調査時点では週六〇時間、もっとも長時間であった時期には週七二時間働いており、あきらかに「働きすぎ」の状態にある。そうした状態をつくり出しているのが、仕事に埋め込まれている②〜④の要素なのである。もしそこに阿部の指摘する①趣味性という要素までくわわれば、事態はいっそう深刻なものになるだろう。

こうした「自己実現系ワーカホリック」という問題提起に対して、それは自己実現できているのであるから問題ないし、むしろ当人にとって幸福ではないか、という反論も想定される。しかし、ことはそれほど簡単ではない。彼らは自発的に「自己実現」に邁進《まいしん》しているように見えて、じつは彼らをその方向に巧妙にいざなう仕組みが、働かせる側によって、仕事のなかに組み込まれているのである。

その意味で、「自己実現系ワーカホリック」という言葉は、個人側の動機を強調しているように見えるため、不適切な面があるかもしれない。働かせる側の要因の重要性を言いあらわすために、ただしくは「〈やりがい〉の搾取」と呼ぶべきであろう。

「〈やりがい〉の搾取」を生み出すもの

「自己実現系ワーカホリック」という言葉をつくり出した阿部真大が、バイク便ライダーについて考察した著書のタイトルは、『搾取される若者たち』（集英社新書）である。このタイトルからは、単にバイク便ライダーたちが個人的に好きこのんでワーカホリックになっているのではなく、職場にそれを生み出す「からくり」がいくえにも埋め込まれていることに、阿部が十分に自覚的であることがわかる。[19]

バイク便ライダーの場合、その「からくり」とは、そもそも時給ライダーと歩合ライダーへの二分割が存在するということだけではない。第一に、彼らにとって「頼れるコーチ」であるところの配車係が歩合ライダー出身者であること。第二に、バイク便ライダーの制服が彼らに「路上のヒーロー」という感覚を与えること。第三に、時給ライダーから歩合ライダーへの転換はできるが、逆は禁じられていること。これらが職場における歩合ライダーの優位性を印象づけることなど、多岐にわたっている。また阿部は、ケアワーカーについての研究においても、彼らの「働きすぎ」を生み出しているのが、従来の「流れ作業」的な集団ケアから個別対応を重視するユニットケアへの移行であることを指摘している。[20]

一方で阿部は、バイク便ライダーの研究において、上記の「からくり」が「経営者のトリック」ではなく「職場のトリック」、すなわち「バイク便ライダーたちが自分たちで自分たちにかけつづけているトリック」であることも強調している。[21]これは阿部が、社会学者としての自負から、単に経営者＝企業を批判するような「陰謀論」におちいることを慎重に避けていることによるものと推測される。

しかし、筆者自身は、「〈やりがい〉の搾取」とは、企業の意図によって生み出されている側面が十二分にあると考えている。なぜならば、前節で述べてきた①〜④の要素を通じて、一見、自己実現的な「働きすぎ」をつくり出すことによって、企業は以下に述べるような利益を確実に得ているからである。

日本企業は、とりわけ一九九〇年代以降、日経連（当時、現経団連）の報告書『新時代の「日本的経営」』に端的に示されているような、多様な労働者群をつくり出すことによって、経営効率を高めようとしてきた。そのなかで、安定雇用と相対的に高い賃金を手にする正社員と、不安定雇用と低賃金にさらされる非正社員という、ふたつのグループに大きく分けられる労働者群が生み出されてきた。

前者の正社員は、安定雇用と相対的高賃金の代償として、あらん限りのエネルギーと能力、そして時間を仕事に注ぎ込むことを求められがちである。それに対して後者の非正社員は、不安定雇用と低賃金と引き換えに、エネルギー・能力・時間を仕事に投入することを正社員ほど求められてはいない。すなわち、それぞれのグループにおいては、表1に示すような、投入と代価の均衡が成立してきたし、それは多くの場合、現在も存続している。

とはいえ、二〇〇〇年代半ばの日本企業にとっては、正社員の雇用保障と高賃金が重荷に

	正社員	非正社員
投入（エネルギー・能力・時間）	高（均衡）	低（均衡）
代価（雇用の安定性、賃金）	高	低

表1　正社員と非正社員の投入と代価の関係

なりはじめている。たとえば、二〇〇六年一〇月に新メンバーで発足した経済財政諮問会議が提唱している「労働ビッグバン」とは、「労働者が低生産性分野から高生産性分野へ円滑に移動できる仕組みや人材育成、年功ではなく職種によって処遇が決まる労働市場」[22]であるとされている。これは、ようするに不必要な正社員を放出し、労働市場を流動化させることに対する企業の要望にほかならない。

また、同年一二月一八日には、上記会議の委員である八《や》代《しろ》尚《なお》宏《ひろ》・国際基督《キリスト》教大学教授が、内閣府のシンポジウムで「正社員と非正規社員の格差是正のため正社員の待遇を非正規社員の水準に合わせる方向での検討も必要」と発言して話題を呼んだ。[23]この発言が、正社員の賃金引き下げへの企業の渇望《かつぼう》を代弁していることはあきらかである。

つまり、日本企業は、表2において楕円で示したように、安定雇用の保障や高賃金という代価なしに、労働者から高水準のエネルギー・能力・時間を動員したいという動機を強くもっている。そして、その実現のためには、①趣味性、②ゲーム性、③奉仕性、④サークル性・カルト性などの要素を仕事に付加し

	正社員	非正社員
投入（エネルギー・能力・時間）	高	低
代価（雇用の安定性、賃金）	高	低

表2　正社員と非正社員の投入と代価の関係の変更戦略

て、「自己実現系ワーカホリック」を生み出すことが、きわめて好都合なのである。

　前節で引用した居酒屋チェーンに関するサイトで、「うちはお金を稼ぐことが出来ないバイトです。でも夢を持つことの重要性を感じ、自分自身が成長したことを感じることが出来ます」という副社長の発言があったことを思い起こしてもらいたい。安定雇用や賃金などの即物的対価以外の目的で働いてくれる「自己実現系ワーカホリック」たちは、企業による「〈やりがい〉の搾取」の好餌《こうじ》となっているのである。

　そして、若者たちのなかにも、こうした「〈やりがい〉の搾取」を受け入れてしまう素地が形成されている。「好きなこと」や「やりたいこと」を仕事にすることが望ましいという規範は、マスコミでの喧伝《けんでん》や学校での進路指導を通じて、すでに若者のあいだに広く根づいている（①趣味性の素地）[24]。しかし、実際には、企業組織内のハイアラーキー（ピラミッド状の階層構造）の底辺部分に位置づけられて、何の権限も与えられないことも多い若者にとって、裁量性や創意工夫の余地がある仕事は希少価値をもつものとして憧憬《しょうけい》の対象となっている（②ゲーム性の素地）[25]。

また、日本の若者のあいだでは、自分の生きる意味を他者からの承認によって見いだそうとするためか、「人の役に立つこと」を求める意識がきわめて強い（③奉仕性の素地[26]）。さらに、「夢の実現」などの価値に向かって、若者が自分を瞬発的なハイテンションにもっていくことによってしか乗り切れない、厳しく不透明な現実も歴然と存在する（④サークル性・カルト性の素地[27]）。これらの素地につけいるかたちで、「〈やりがい〉の搾取」が巧妙に成立し、巻き込む対象の範囲を拡大しつつあるのが現状だと考えられるのである。

こうした「〈やりがい〉の搾取」に基づく「働きすぎ」の拡大を防ぐためにはどうすればいいのか。凡庸な提言ではあるが、やはり不可欠なのは、こうしたからくりを明るみに出し、職場や職種という集団単位で、そのいきすぎに歯止めをかけていくことであろう。①〜④の要素を際限なく称揚し、煽るようなベクトルに対して、冷静で客観的な現実認識に基づいて、クールダウンしていくことが必要である。

社会運動や学校教育を通じて、こうしたベクトルに抗うことが必要であるという意識を普及させていくことも必要である。とはいえ、個々人に自覚や抑制を求めることには限界があり、同時に「自己責任」的見方をむしろ奨励してしまうおそれがある。個人単位の「自由闊達な」働き方という外見に潜む問題性を、言挙《ことあ》げし、集団で共有し、対処・抑制していくことが、いま求められている。

注

(1) http://www.rengo-soken.or.jp/dio/no212/houkoku_1.pdf
(2) 労働政策研究・研修機構『若者の包括的な移行支援に関する予備的検討』資料シリーズNo.15、二〇〇六、八頁、図表2―9。
(3) 森岡孝二『働きすぎの時代』岩波新書、二〇〇五、二四―二五頁。
(4) 二〇〇六年一〇月二四日に開催された労働政策審議会労働条件分科会における奥谷禮子委員の発言を参照。
(5) 森岡孝二「見せかけの時短の陰で進む働きすぎ」『Labor Research Library』14号、全労済協会、二〇〇六。六頁の記述を筆者がまとめ直した。森岡の前掲書でも、くわしい説明がなされている。
(6) ロバート・B・ライシュ、清家篤訳『勝者の代償』東洋経済新報社、二〇〇二。
(7) 大野正和『過労死・過労自殺の心理と職場』青弓社、二〇〇三。
(8) 大野、前掲書、一八三頁。
(9) 阿部真大『搾取される若者たち』集英社新書、二〇〇六。
(10) 居郷至伸「コンビニエンスストア」、本田由紀編『若者の労働と生活世界』大月書店、二〇〇七。
(11) 居郷がおこなったヒアリングにおける調査対象者の発言。
(12) 阿部、前掲書、二二―二三頁。
(13) 久保真人「バーンアウト（燃え尽き症候群）」『日本労働研究雑誌』No.558、二〇〇七。ホックシールドについては、石川准・室伏亜希訳『管理される心』（世界思想社、二〇〇〇）を参照。
(14) 阿部真大「ポスト日本型福祉社会のケア労働」『Mobile Society Review 未来心理』Vol.007、二〇〇六。
(15) 以下の記述については http://www.teppen.info/ に基づいている。

(16) http://www.foodrink.co.jp/next-vogue/200506/050611.html
(17) http://food6.2ch.net/test/read.cgi/drunk/1145437551/
(18) 前島賢土「住宅会社社員の働きすぎ」『現代の社会病理』第21号、二〇〇六。
(19) 阿部、前掲書。
(20) 阿部、前掲論文。
(21) 阿部、前掲書、一二七—一二八頁。
(22) 二〇〇六年一〇月一三日の経済財政諮問会議において、伊藤隆敏、丹羽宇一郎、御手洗冨士夫、八代尚宏各委員が連名で提出した文書「『創造と成長』に向けて」のなかで「労働ビッグバン」の説明として記されている文言。
(23) 毎日新聞、二〇〇六年一二月一九日。
(24) 久木元真吾「『やりたいこと』という論理」『ソシオロジ』第四八巻第二号。
(25) 城繁幸『若者はなぜ3年で辞めるのか？』光文社新書、二〇〇六。
(26) 深堀聡子「高校生の生活と意識の日米比較」、石田浩編著『高校生の進路選択と意識変容』東京大学社会科学研究所研究シリーズ ISS research series、No.21、二〇〇六。
(27) 鈴木謙介『カーニヴァル化する社会』講談社現代新書、二〇〇五。

東京の若者と仕事　——先鋭化する「二極化」

東京の若者の就業状態

日本社会において、若者と仕事の関係に大きな地殻変動が起きていることがあきらかになりはじめてから、すでに一〇年近くが経過した。ここ数年は、新規学卒採用に関しては需要の回復が報告されている。

しかし、それが過去一〇年間に蓄積されてしまった若い不安定労働者や失業者、そして無業者の吸収にどれほど結びつくかについて、現状では大きな期待をもつことはできない。また、最近の新規学卒需要の回復も、団塊世代が労働市場から退出する数年間に限られた、短期的な現象である可能性がある。しかも企業は、厳選採用の方針を堅持している。

それゆえに、若年就労問題については依然として楽観を許さない事態が継続している。こうした厳しい仕事の現実は、日本の若者全体に突きつけられているものではあるが、ここではとくに大都市、さらにそのなかでも東京に住む若者の現状について、まずは統計データから確認してみたい。

表3は、労働政策研究・研修機構による「就業構造基本調査」（総務省）の再集計結果の一

	全体数（千人）	全国計に占める比率	有業者					無業者				
			正社員（役員含む）	非典型雇用	うち、「周辺フリーター」	自営・その他就業	有業者計	求職者	「白書定義無業者」	独身家事従事者	専業主婦（夫）、その他無業	無業者計
東京	2,726	10.8	55.5	19.8	1.7	4.1	81.1	6.8	2.6	0.7	10.4	20.5
神奈川	1,881	7.5	55.8	18.7	1.7	3.1	79.3	7.4	2.6	0.7	11.6	22.3
埼玉	1,512	6.0	55.0	18.5	1.7	3.9	79.1	7.5	2.8	0.8	11.6	22.7
千葉	1,270	5.1	54.7	18.6	1.4	3.8	78.5	7.4	2.8	0.9	11.7	22.8
計	7,389	29.4	55.3	19.0	1.6	3.8	79.8	7.2	2.7	0.8	11.2	21.8
大阪	1,905	7.6	48.9	20.3	2.2	4.5	75.9	9.6	2.5	1.0	13.1	26.2
兵庫	1,106	4.4	53.0	17.7	2.1	4.1	76.9	8.1	3.3	0.9	12.9	25.2
計	3,011	12.0	50.4	19.3	2.2	4.4	76.3	9.0	2.8	1.0	13.0	25.8
愛知	1,551	6.2	58.4	15.7	1.3	4.4	79.8	7.1	2.1	0.7	11.6	21.5
福岡	1,013	4.0	53.5	19.2	1.9	4.3	78.9	9.1	2.9	0.9	10.0	22.9
全国計	25,128		55.4	18.6	1.6	4.2	79.8	7.7	2.6	0.8	10.8	21.9

表３　都道府県別　若者の有業・無業の状況

（15～34歳、在学中は除く、2002年就業構造基本調査）（%）

注：「周辺フリーター」とは、学生でも既婚女性でもないパート・アルバイト雇用者で、年間就労日数が99日以下か、週労働時間が21時間以下の者。「白書定義無業者」とは無業で求職活動をしていない若者のうち、在学も通学もしておらず、結婚しておらず家事をしていない者。

データ出所：労働政策研究・研修機構（2005）、113頁、図表Ⅱ-1-31より作成。

部を抜粋したものである。同集計結果によれば、全国のなかで、学校に在学していない一五～三四歳の若者の人口が一〇〇万人を超える都道府県は九つある。そして、そこから北海道を除いた八都府県についてのデータを、表３は示している。これら八都府県は、さらに圏域でまとめれば、それぞれ首都圏、近畿圏と名古屋、福岡という、全国を代表する四つの大都市圏にそれぞれ該当する。

表３で踏まえておくべきことは、在学者を除く全国の一五～三四歳の若者のなかで、東京に在住する者が一〇％を超え、首都圏にまで拡張すれば三〇％近くを占めるということである。そして、表３にあげた八都府県を合計すると五一・六％となり、全国の若者の過半数がこれらの大都市圏に集中していることになる。それゆえ、日本の若者の現状を把握するうえで、大都市に着目することは妥当性

をもつ。

続いて、都府県別および圏域別の有業・無業状況の分布を見ると、東京を含む首都圏よりも、むしろ近畿圏が特徴的であることがわかる。とくに大阪では、全国平均とくらべて正社員比率が六%以上低く、逆に非典型雇用および求職者の比率がやや高くなっている。それに対して、首都圏の有業・無業状況の分布には、全国平均と大きな差がない。

首都圏のなかでも、東京に限るならば、全国平均よりも非典型雇用比率が約一%高く、逆に求職者比率が約一%低いことは確かだが、いずれもわずかな差である。この点だけ注目すると、東京の若者の現状は、日本の若者全般の状況と大きく乖離《かいり》していないように見える。しかしあとで述べるように、ここに別の指標を導入すると、東京の若者が直面している固有の状況があきらかになる。

なお、表3における他の県についても概観しておくと、愛知は表3のなかでは正社員比率が五八・四%ともっとも高い。ただし、表3に示していない他の県のなかでは、福井や富山、山形、そして島根などにおいて、正社員比率が六〇%を超えている。

よって、愛知は、大都市のなかでは相対的に正社員が多い地域であるが、全国のなかでとくに際立っているというわけではない。また、福岡は、有業・無業状況の分布で見る限り、近畿圏と首都圏の中間的な位置にあるといえる。

東京の若者における二極化の進行

以上で見たように、東京の若者の有業・無業状況は、全国とくらべてそれほど大きな違いがない。しかし、重要なのは、東京ではそうした有業・無業状況が、ある特徴をもつ若年人口内部の分布として生じていることである。この点について、宮島基《みやじまもとい》による示唆に富む分析に依拠しつつ、他のデータも追加しながら見ていこう。

上述した東京の若者の特徴とは、まず高学歴者の比率がきわめて高いということである。

第一に、平成一七年度学校基本調査から高校卒業者の大学・短大への進学率を見ると、東京は五六・二%と全都道府県のなかでもっとも高い。同比率が四〇%に満たない県が全国に一三県あることを考慮すれば、東京の高校卒業者の大学・短大進学志向の高さは際立っている。

その裏返しとして、東京の高校卒業者に占める専修学校進学者の比率は一四・九%であり、全都道府県のなかでは石川県の一二・一%に次いで低い。さらに、就職率は七・〇%で全国最下位であり、全国平均の一七・四%を約一〇%も下まわっている。

第二に、同じく平成一七年度学校基本調査に基づいて、全国の大学生総数に占める東京の大学生数の比率を算出すると二四・六%となり、大学生の四人に一人は東京にある大学に在学していることになる。

第三に、就業構造基本調査をもちいて、二〇～三四歳の有業者のなかで、大学卒・大学院卒が占める比率を算出した宮島によれば、同比率は一九八七年時点では全国二三・四％、東京三四・一％であったものが、二〇〇二年時点では全国二六・三％、東京三八・九％となり、全国では二・九％増であるのに対して、東京では四・八％増となっている。

つまり、すでに一九八七年の時点で大きかった差が、過去一五年間にいっそう拡大しているのである（宮島基「東京の若者たちの〈学校から仕事へ〉」、乾彰夫編『18歳の今を生きぬく』青木書店、三九頁）。

以上をまとめれば、第一にもともと東京に在住していた者のなかでの大学・短大進学志向が高く、第二に多数の大学が存在することから他の道府県から東京に大学生として新規に流入してくる者の規模が大きく、第三に大学・大学院卒業後も東京で職を得るなどして定住する者が多いという三つの理由から、東京の若者のなかには、大学・短大や大学院などの高い学歴をもつ者の比率が、国内の他地域とくらべて目立って多くなっているのである。

そして、このような学歴構成上の特徴は、有業者の職業構成とも連動している。宮島の分析によれば、全国の有業者のなかで東京の有業者が占める比率は一〇・二％である（宮島、前掲論文、三九頁）。この比率を産業別に見ると、情報通信業（二五・五％）や不動産業（二〇・三％）、そして金融・保険業（一四・〇％）などの産業で、とくに東京への集中がいちじるしくなっている。

くわえて、これらの産業に従事する者のなかでは、大学卒・大学院卒の比率がきわめて高い（情報通信業では五七・二％、金融・保険業では四九・九％）。また、宮島の計算によれば、東京の就業者総数は、一九八七年から二〇〇二年までのあいだに七・〇％増加したが、職業別では専門的・技術的職業従事者が三三・五％も増加している。

宮島は、こうした分析から、東京における「高学歴化と専門職化」を指摘する（宮島、前掲論文、三九頁）。他方で宮島は、この「高学歴化と専門職化」という現象が、東京の若者にとっての現実の半面にすぎないことも指摘している。つまり、東京の就業者のなかで巨大な比重を占めるのは卸売・小売業とサービス業であり、約三人に一人がこれらに従事している。そして、これらの産業の就業者のなかでは、パート・アルバイトなどの非正規雇用の比率が高い。

このような産業面での東京の特徴は、高学歴ではない若者の就業状況に直接の影響をおよぼしている。宮島は、就業構造基本調査に基づき、一五〜一九歳の有業者に占めるパート・アルバイト雇用者の比率が、東京では二〇〇二年の時点で八三・八％に達しており、全国平均の六九・二％を大きく上まわっていることを指摘する（宮島、前掲論文、四四頁）。

この一五〜一九歳の有業者とは、必然的に高校卒以下の学歴の者を意味する。高学歴化が進行する東京の若者のなかでは、教育機会を十分に享受することができなかった層において、日本全体の平均像にまして極端なかたちで、雇用の不安定化が進行しているのである。

このような事態は、幅広い年齢層や多様な学歴の若者を一括して集計している表3からは読み取れない。実際には、一方では〈高学歴化と専門職化〉、他方では〈高学歴でない者にとってのいっそうの不安定雇用化〉というふたつの強力なベクトルが、東京の若者のなかでは生じているのである。

この両者の緊迫した関係が、就業状態の比率においては数値的な拮抗《きっこう》としてあらわれることにより、表3を見る限りでは、東京はあたかも全国平均と変わらない平凡な地域であるかのように見えてしまう。

ところが、現実に東京で発生しているのは、宮島の言葉を借りれば「いくつかの産業を中心に進む就労の二極化、すなわち一方では専門化・高学歴化した産業が、安定就労と柔軟な仕事内容に携わる人たちを生み出しながら、他方では巨大産業を中心に、仕事の代替可能性（それはつまり人間の代替可能性）を前提とする不安定就労で働く人たちを生むという、2つのフレキシビリティ」（宮島、前掲論文、五〇頁）へのいちじるしい圧力なのである。

二極化のなかでの若者たち

こうした東京の若者における特徴的な仕事のあり方は、いわば日本全体、あるいは先進諸国全体で徐々に生じつつある情勢が、先鋭的・集中的にあらわれたものと見なすことができる。

経済の情報化とサービス化は、世界全体を巻き込むかたちで進行しており、それはきわめて高度で抽象的な情報収集・操作力を要する仕事と、対人的な情動労働としての広義の「サービス」に該当するような「周辺的」な仕事とを生み出している。
就業者の規模としては、労働集約性の強い後者のほうが、拡大の勢いが強いことはいうまでもない。この両者が、世界各地に散在するグローバル・シティのひとつである東京では、日本全国よりも極端なかたちで観察されるのである。

このような仕事の「二極化」が、いかなる苦渋に満ちた状態を若者のなかに生み出しているかを、熊沢誠《くまざわまこと》は丹念に描き出している（熊沢誠『若者が働くとき』ミネルヴァ書房）。熊沢の重要な指摘は、若者の仕事の「二極化」が、じつはぴったりと表裏一体の現象、あるいは「相互に無関係ではない地続きの存在」（熊沢、前掲書、iii頁）であるということである。こうした熊沢のとらえ方は、若い不安定就労者を単に正社員に送り込みさえすればいいという、行政やこれまで多くの研究が選び取ってきた発想の否定につながっている。

熊沢によれば、過酷な状態に置かれているのは「ハンズ」（「使い捨ての人手」の意。熊沢、前掲書、三八頁）である非正規雇用者だけではない。若い正社員も、その数が絞り込まれてきたなかで、労働時間の長さや割り当てられる仕事量（ノルマ）の重さ、そして職場の人間関係の緊張に苦しまざるをえなくなっている（熊沢、前掲書、四一—五三頁）。

その結果、働きすぎて燃えつきた正社員は、職場を離脱してフリーターや無業者を選び、またフリーターや無業者も「仕事の重圧から生気を喪《うしな》った正社員の姿」（熊沢、前掲書、ii頁）を垣間見ることによって、そうはなりたくないと感じていると熊沢は述べる。

一方では、基幹的な立場として、仕事の責任を担う者に対する要求水準の高まりがあり、他方ではその要求水準を満たすことができずに正社員の職から離脱する存在がある、あるいは要求水準を回避する、という熊沢の認識は正しい。

とはいえ、すこし留保をくわえるとすれば、この二極化を、正社員vs非正社員という対立図式で把握すること自体が、もはや単純すぎる見方になりつつあるほどに、現実は複雑化しはじめている可能性があるということだ。

ある種の仕事については、もはや正社員と非正社員の境界があいまいになりつつある。名目上は非正社員であっても、仕事内容や責任、そして労働時間などに関しては正社員とほぼ同等であるような存在については、「基幹パート」という名称が与えられて、早くから研究者の関心対象となってきた。

それにくわえて、最近の現象として指摘すべきは、名目上は正社員であっても、その処遇や仕事内容に関して非正社員と大きく差がないような仕事が、相当の規模であらわれているということである。

東京の公立高校を卒業して正社員になった若者のその後を追跡した乾彰夫《いぬいあきお》らは、彼らが「入職時の研修もほとんどなく、新人でも正社員というだけですぐに一人前の仕事量や責任を求められ、不払いの時間外労働なども含めれば賃金もアルバイトとほとんど変わりがない」仕事に就き、職場でいじめやいやがらせなどにもあい、「少なからぬ者が心身に異常を来すまでに傷つけられ、自分を守るぎりぎりの選択として」離職していることを指摘している（乾彰夫「『高卒一年目』の若者たちが直面していること」、乾彰夫編『18歳の今を生きぬく』、二五九―二六〇頁)。

日本高等学校教職員組合と日本私立学校連盟が実施した新規高卒採用に関する調査の結果においても、「正規雇用でも『アウトソーシングが急増し、派遣会社の正社員という形態での求人が増えた』『保険加入の不備、時給制』『賞与なし、定期昇給ゼロ、日給月給、手取額一一万円』『日給月給制が約半数』など、賃金・労働条件が厳しく『早期離職の懸念は変わらない』という声もあった」(日本教育新聞、二〇〇六年五月二二日)ことが報告されている。

このような、いわゆる"bad jobs"における正社員と非正社員の境界の融解は、伝統的な意味での「正社員」の特徴——長期雇用の保証、在職期間とともに上昇する賃金、丹念に提供される教育訓練、諸種の社会保険や福利厚生という手厚い保護など——が該当する層が、名目上は正社員である労働者のなかでも相当に縮小されてきており、その対象者が企業にとって高い付加価値を生み出しうる「高度な人材」に絞られるようになっていることを意味している。

言い換えれば、正社員の内部にも、いまだにかなり恵まれた待遇を享受しうる層と、そうでない層の分断が生じており、その分断の基準が「人材」としての質の定義のされ方に置かれるようになっているのである。

「人材の質」に関する要求水準がますます高まるなかで、たとえば相対的に学歴の低い者は、正社員であれ非正社員であれ、同じように過酷なあつかわれ方をされる場合が多くなっている。むろん、高学歴者の内部にも、たとえば出身大学の威信やちょっとした立ち居振る舞い方など、さまざまな基準により選別の細かい線引きがなされてはいるだろう。

だが、それよりもあきらかに太い線が、学歴という簡便なカテゴリー相互のあいだに引かれるようになっている。そして、「高度でない人材」の烙印《らくいん》を押され、安定雇用から締め出された層にとって、ライフコースの中後期における挽回《ばんかい》の機会は、かつてよりもいっそう閉ざされつつあるのである。

たとえば、企業内での昇進・昇給の速度や「天井」の存在に関する学歴格差は、これまでもずっと存在してきた。しかし、従来のそれは、正社員という共通の土俵のなかで、結果的・事後的に生じる格差であった。

いまや、その土俵に当初から上がれない存在が、大きな規模で出現しはじめている。ここにいたって、学歴という指標は、以前よりもむき出しの厳しい排除の道具となりつつある可能性がある。

取り組むべき課題は何か

それでは、こうした若者のなかでの仕事の「二極化」への対策として、何が可能であり、何が必要なのか。

ワークシェアリング（熊沢、前掲書）やワークライフバランス（大沢真知子『ワークライフバランス社会へ』岩波書店）などの提案もなされている。正社員の長時間労働を抑制することによって雇用機会を拡大するとともに、非正社員の処遇を向上させようとするこれらの提案は、確かに魅力あるものにうつる。

しかしながら、働き方の線引きのもっとも主要な基準が、学歴や諸々の指標から企業が透かし見る「人材の質」にあるとすれば、それを異にする労働者間での仕事の分かち合い（ワークシェアリング）には限界があると考えざるをえない。

また、ワークライフバランスが適用されうる可能性の度合いもまた、「人材の質」によって異なってくるであろう。すなわち、不可避的に強制されるワークライフバランス（大半の非正社員）、「人材」として尊重されつつ余裕をもって達成されるワークライフバランス（「高度」な正社員層）、そしてワークライフバランスを適応されうる余地などない層（「高度でない」正社員層）といった具合にである。

このように考えるならば、どうしても取り組まざるをえないのは、「人材の質」への介入である。すくなくとも、排除される可能性が高い指標——たとえば高卒未満（あるいは高卒以下）の学歴——を身に帯びてしまっている若者層に対しては、その指標を書き換える機会があまねく提供される必要がある。

むろん、「人材の質」の判断基準がつねに相対的なものであるとすれば、その向上機会の提供と、新しい基準による線引きは、いたちごっこにならざるをえない。とはいえ、そのことを絶望的に直視しながらも、政策や制度はこの課題に取り組むことを避けてとおるわけにはいかない。

市場至上主義に由来する「自己責任」という言葉が深く広く浸透した日本社会では、この課題への取り組みがどこまで真摯《しんし》になされるかは不明である。しかし、世紀の変わり目ころから話題にのぼりはじめた「格差」という言葉に対して、政治家や行政も、対処しようとするそぶりを見せないわけにはいかなくなっている。

もはや、その言葉に頬《ほお》かむりをしたまま進むことはできない。東京というグローバル・シティにおいて先鋭的に顕在化しつつある、「人材の質」による二極化という苦い現実を、どの主体が、どの範囲まで、いかなる手段によって克服していくのか、という、徒労感さえともなう重い問いが、私たちにいま突きつけられているのである。

〈コラム〉 企業の「家族依存」を正せ

新規学卒採用の活発化がしばしば報道されている。しかし、そのことをもって、今後の若年雇用について、楽観的な見通しを抱くことはできない。その理由は、すでに政策課題として掲げられている「年長フリーター」の存在だけではない。

将来にわたる不安要素として指摘すべきは、第一に、不安定就業や無業のまま離学する層が今後も一定の規模で生み出され続けると予測されること。第二に、離学後にいったん正社員としての雇用を得ながらも、その後に非正社員や無業へと離脱する層が趨勢《すうせい》的に増加傾向にあること。第三に、非正社員の処遇に改善の兆しが希薄であることである。

第一の点は、企業が新卒採用に意欲を見せつつも「厳選採用」姿勢を崩しておらず、若者の側にも離学時に正社員にならないという選択肢が、ある程度根づいていることによる。第二の点は、正社員としての働き方がますます過酷になっていることに、また第三の点は、企業が非正社員をあくまで人件費節約と雇用調節のための存在と見なし続けていることに由来する。これらの点は、データからも確認できる。

労働政策研究・研修機構が都内の一八〜二九歳の若者の働き方を二〇〇一年と二〇〇六年の二時点で比較した調査結果（『大都市の若者の就業行動と移行過程』労働政策研究報告書 No.72）によ

ると、この間に若年正社員の労働時間は増加し、年収は減少している。ここに先の第二の点、つまり若年正社員の労働条件の悪化の事実があらわれている。

また同調査では、非正社員の時間当たり収入には、この間にほとんど変化がなく、アルバイト・パート男性の二〇〇六年時点での年収は平均約一七四万円である。この水準の収入では、親から独立して家庭をもつことはむずかしい。

実際にアルバイト・パート男性の四人に三人は親元に住み、有配偶率は一・五％で、正社員男性とくらべると大きな差がある。しかも同調査では、アルバイト・パートへの滞留傾向が顕在化しており、低賃金・不安定雇用の状態が永続化するケースが増えている。これらの知見は、前述の第三の点を裏づける。

このように、新卒者の就職状況がやや改善したとはいえ、若者の仕事面での苦境は存続している。正社員になれば、最大限のエネルギーと時間の投入を、かならずしもそれに見合う処遇がないままに要請される。非正社員になれば、さらに低い賃金と明日の職さえ確実でない不安が続く。いずれを選んでも厳しい前途が待っているのである。

とくに、低収入の若年非正社員が、すでに三人に一人に達するほどの規模になっていることについて、そのような事態がなぜ社会全体として成立可能なのかを、あらためて考えてみる必要がある。若者に対して批判的な論者たちは、この問題を、若者が豊かな親世代に依存し寄生（パラサイト）しているために、あくせく働かないからだ、と説明してきた。

しかし現実は、そうした個人単位・家族単位のミクロレベルの説明を超えた規模で進行している。これはすでに、マクロな社会システム間の関係性という観点から把握すべき事態である。

社会学者の居郷至伸は、この問題に関して、個々の若者が個々の親に依存しているのではなく、経済システムが家族システムの含み資産——親世代の収入、住居、家電など——に依存しているのだ、という興味深い見解を打ち出している（居郷至伸「コンビニエンスストア」、本田由紀編『若者の労働と生活世界』）。

ミクロな説明は、仕事と家族のあいだに「若者の甘え」という心理要因を介在させることで、問題を若者個々人に押しつけてしまう。だが、若者の甘えという無根拠な要因を除去し、より大局的（マクロ）な見地から見れば、経済システムと家族システムとの直接的な依存関係という事実が浮かびあがる。

つまり、これほど大量の低賃金労働者が暴動に走りもせず社会内に存在しえているのは、彼らを支える家族という存在を前提とすることにより、彼らの生活保障に関する責任を放棄した処遇を、企業が彼らに与え続けることができているからなのだ。それゆえ、親の早逝《そうせい》や離別などにより、依存できる家族をもたない若者は、厳しい困窮状態に置かれている。

しかも、こうした企業の家族への依存は、長期的に持続可能ではなく、非常にもろく、暫定的なものである。冷戦下の日本が、アメリカの庇護《ひご》により経済発展をとげた時期に、安定的な雇用・賃金・年金を享受しえた親世代は、今後数十年でこの世から退出する。そのあとに残されるのは、むき出しの低賃金労働者の巨大な群れである。

この事態を一体どうするのか。安倍政権が打ち出していた「再チャレンジ」政策や、「成長力底上げ戦略」は、機会の実質的な拡充をともなわないままに、問題を個人の努力というミクロ次元にすり替える結果に終わるだろう。

マクロな次元の社会設計として、労働者に対して果たすべき責任を、企業に完遂させる強力な枠組が不可欠である。また、企業と家庭以外に、個人にとって安全網となる制度を、公的に手厚く整備する必要がある。

具体的には、無償ないし生活費補助をともなう職業教育訓練の大幅拡充や、ていねいなカウンセリングと選択可能な複数の就労ルートを整備した確実性の高い就労支援、さらに生活保護対象の基準緩和などが求められる。それらの実現のためにも、個々人が苦境に耐えるのではなく、協同して怒りの叫びをあげる必要がある。

Ⅳ 軋む社会に生きる

まやかしに満ちた社会からの脱出〈鼎談〉本田由紀・阿部真大・湯浅誠

〈働きすぎ〉の問題

本田　私が編者をつとめた『若者の労働と生活世界』（大月書店）のなかで、阿部さんは第三章の「ケアワーク」、湯浅さんは第九章の「若年ホームレス」という論考を、それぞれもう一人の方とともに書いています。「ケアワーク」では〈働きすぎ〉の問題を扱い、「若年ホームレス」は〈働けない〉問題を扱っています。

〝働く〟ということをめぐって対照的に見える問題に焦点化しているおふたりに話をうかがい、議論を深めたいと考えています。最初にそれぞれの章の中身について、かいつまんで説明してください。

阿部　拙著『搾取される若者たち』（集英社新書）では、趣味を仕事にするということがいかに危険か——具体的には、実際に自分が働いていた、不安定な低賃金サービス業のバイク便ライダーの参与観察をおこない、ワーカホリックになっていく危険性とその対処法をまとめました。

直接的には、村上龍《むらかみりゅう》の『13歳のハローワーク』（幻冬舎）に対する批判として書いたものです。ようするに仕事で自己実現するのもいいんだけど、それが流動的な下層のサービス職である場合、非常に危険な状態であるということをいっています。

セットで読んでいただきたいのが拙著『働きすぎる若者たち』（生活人新書）です。こちらはケアワーカーの現状を分析した内容ですが、自分でケアワーカーをしたのではなく、インタビュー調査をもとに書いた本です。

しかし、ケアワーカーの職場でもバイク便と同じような事態が起こっています。ケアワーカーは、実質、時給八〇〇円から九〇〇円、高くても一〇〇〇円くらいの仕事で、しかも保障がしっかりとされていない肉体労働です。そういった仕事であるのに仕事にのめり込んでしまう若者たちがいる。そして三〇歳くらいまで働いて、身体を壊し、辞めてしまうといった現状があります。

同書では〝労働×良心のあり地獄〟といっているんですが、どうしてそのような状況になってしまったのか、なぜ彼らは使い捨てられてしまうにもかかわらず、仕事にのめり込んでいってしまうのかという問題と、それではこれから介護の現場をどう変えていけばいいのかという問題、その二点について書きました。

『若者の労働と生活世界』では、このケアワーカーの話をもうすこしふくらませて、それではどうしてこんな状態が起こってしまったのかを考えてみました。

ケアワーカーは、若い人と主婦が多く働いている職種です。たとえば、労働条件に関して話を聞くと、時給八〇〇円でサービス残業をさせられてしまうことに対し、とくに男性の若者ワーカーは危機意識をもっています。このままだと一生働き続けられないかもしれない、身体を壊して辞めることになるかもしれないといった思いを抱き、組合をつくったりしている。

しかし、やっかいなのは、比較的裕福な主婦ワーカーが労働条件に対して意識が低く、お小遣い程度に働いている人たちが多いことです。労働の現場のなかに二重化された構造があって、労働者が一致団結することができないような状況があります。なぜそういった問題が生じたのかを、ケアの歴史とからめて論じました。

低賃金のサービス職の広がりは、すでに一九八〇年代に全世界的な流れとして存在したわけですが、それがいまになってフリーター問題やニート問題といった取りあげられ方をしています。たとえば、ケアワーカーやバイク便ライダーの仕事が、果たして最近出てきた仕事なんだろうかと考えてみると、八〇年代からそういった仕事はありました。

それでは、なぜそれが当時は問題化しなかったのか。それは主婦や学生が、パートやアルバイトとしてそういった仕事で働いていたため、不安定就業の問題があまり顕在化してこなかったわけです。そういったことを「主婦と若者」問題と名づけ、『若者の労働と生活世界』のなかでまとめました。

『働きすぎる若者たち』を書いたあと、ミスリーディングされてしまう部分があり、誤解が生じていることが気になっています。たとえば、農園に行って、スローワークをしながら本来の自分を取りもどしましょうといったことが最近流行っているようですが、ワーカホリックを問題にしているからといって、僕がそういったスローワークを提唱していると思われるのは誤解です。まったくそんなことはいっていません。

たとえば、バイク便ライダーは時給一〇〇〇円の低賃金で、死んでしまうような仕事をさせられている。それは実際、つらいです。僕も一年間一緒にやったのでよくわかります。ケアワーカーの人たちも、派遣社員の人たちもきついです。現実にワーカホリックの問題があるし、確かにきつい。

逃げたくなる気持ちもわかる。そして、貧しくてもいいから自分たちだけでハッピーに生きていきましょうといったコミュニティが、実際にたくさんあることも知っています。しかし、逃げているだけのコミュニティというのは、結局、袋小路にはまって自滅してしまうと考えているんです。

『ザ・ビーチ』（二〇〇〇）という映画があります。実際にあった話ではないのですが、象徴的な物語だと思っています。あるバックパッカーたちが、無人島で自給自足のパラダイスをつくろうと画策します。だが、その計画が失敗に終わる。そのきっかけのひとつが、仲間がビーチでサメに喰われて重傷を負ってしまうという事件なんです。

ヒッピー仲間には医者もいないし、近代的な医療機関もない。近くのビーチリゾートにある病院に行けば、この場所がばれてしまい、観光客たちが押しよせてくる。だからそこには行けない。その結果、傷を負った彼は飢え死にしてしまう。

結局、資本主義社会の外を夢見てコミュニティをつくったところで、人間はそこだけで生きていくなんてことはできないわけです。だからスローワークをしながら自分たちだけで美しく生きていきましょうといった議論には、賛成しません。そういった新しい働き方についての見方に対しては、非常に無責任極まりないと思う。そういうことを提唱する人たちは、そこで働く労働者たちの生活保障の問題やキャリア形成の問題をどう考えているのだろうかと思うのです。

スローワークというと、若い人たちも夢を見やすい。そこにいたら本当の働き方ができるかもしれないと思いがちでしょう。しかし、それはまちがいであると考えています。労働から解放されるなんてことはない。仕事はつまらないものだし、生きていくためにつまらなくてもやらなくてはいけない。必要悪なんです。まずそこから話をはじめる。そこから逃げるとか、仕事でわかり合うとか、つながるとかいうのをやめよう。それは現実的ではないということです。

働きすぎの解決策は、スローワークではないということは、はっきりしておきたいと思います。その意味で、湯浅さんのことは信頼しています。いまの仕事から逃げるという方法——自分たちだけでコミュニティをつくるというかたち——ではなく、立ち向かう姿勢というのが、非常に重要ではないかと考えています。

僕は活動家ではないので、デモなどは組織できません。働きすぎない立場、使い捨てられない職場というものを、社会学者の立場からどのようにして考案して、そのほうが経営的にも合理的なんだということを、いかにして企業にいっていけばいいかを考えているわけです。

ようするに、労働条件の改善ということについて考えています。それでは、働かされすぎないためにはどうすればいいかというと、本田さんが提言されているように、労働者たちを守る〝鎧《よろい》〟が必要だと考えています。その〝鎧〟とは、専門性を身につけるということなんですが、専門性の構築が必要だということは僕も考えていて、その具体的な内容についての議論はいまも続けているところです。

仕事はつまらないもので、必要悪であるという認識をもったうえで、自己実現は余暇ですればよいというのが、これまでの二冊の本の主張です。余暇を楽しむために仕事をする。そういった働き方ができていない状況になっているというのが、大きな問題だと思います。

そんな生活が可能となるような職場づくりを目指して研究しています。

〈働けない〉問題

湯浅　最初に、私が現在関わっているいくつかの団体について、簡単に説明しておきます。

ひとつは、「もやい」。これは、ホームレス状態にある人がアパートに入居するときの保証人提供や、アパートに入ったあとの生活相談をしています。

また「あうん」では、野宿に近い状態にある人や現に野宿している人、かつて野宿していた人もいるし、ドヤに住んでいる人もいるんですが、そういう人たちとの仕事起こしをしていて、便利屋やリサイクルショップを運営しています。

「ホームレス総合相談ネットワーク」は、路上生活をしている人たちをサポートする法律家の集まりです。東京都内の五〇人くらいの弁護士さんや司法書士さんたちが登録していて、路上で法律相談などをやっています。

その三つの団体に関わっていて、最近は「反貧困ネットワーク」という団体をつくって活動していますから、ほぼ一年三六五日、貧困状態にあるといわれる人たちとつきあっています。ここ最近は、そこから見えてくるものや考えたことを、いくつかのところで発表しています。

今回の「若年ホームレス」では、〝意欲の貧困〟ということについて書きました。

この問題について書こうと思った直接のきっかけですが、この本に仮名で登場してもらった田原さんとは別の方が、五月に失業して、九月になってほぼ飢えた状態で私たちのところに相談にきたんです。

話を聞いてみると、六月、七月、八月と仕事は見つかっていたんですね。しかし、それぞれ仕事に就いて三日目、三日目、一日目で自分から辞めていたんです。その後、その人がテレビで取りあげられることになった。番組を見てみたら、五月から九月のあいだは腰を痛めて働けなくなったというナレーションが流れたんです。

このナレーションは事実と違うんですけど、なんで違うのかはわかりますよね。仕事にせっかく就けたのに、短期間で辞めてしまい、食べられなくなったといって、生活保護の申請をして、受給した。そんなのは、見ている人の共感を得られるわけがないという理由です。

だから、病気になって働けなくなったということにした。

　これに私は違和感がありました。どういう違和感かというと、たとえばフリーターの人や若い人たちによくいわれる根性がないとか、働く気がないといった決めつけ方があります。それに対する批判として、いやいや働く気はあるんだ、だけど仕事がないだけだという反論の仕方がある。

　もちろん、いろいろな人がいるでしょうが、私たちのところに相談に来る人にはその両方に当てはまらない人がいるんです。それが先ほどの人ですね。働く気はあるし、実際に仕事にも就く。仕事がないわけではない。だけど続かない。そういう人が現実にはいる。

　ところが、「働く気があるのに仕事がないだけ」という前提からすると、その人は批判されてしまう。だって、君は仕事をして、自分で辞めたんでしょ、それじゃあ仕事がないのとは違うだろう、と。君の場合は自分が悪いんであって、誰のせいでもない、自分のせいだよね、といわれてしまう。

　しかし、私は、そういう人たちを何人か見ていて、どうしてもそれが甘えの問題とは思えなかったんです。それで、これは一体どういう問題なのかということを考えて書いたのが、『若者の労働と生活世界』の〝意欲の貧困〟についての文章です。

　ここで書いた田原さんは、四月にクビを切られてから、私たちのところに相談に来たのが六月二五日でした。約三カ月のあいだ、ほぼ毎日ハローワークに行ってたんです。四回就職していた。そして四回とも一日で辞めていた。彼になんで辞めたのかとたずねたら、ついていけるとは思えなかったというんですね。本当にどうしようもないんだという感じが伝わってくるんですよ。

それと同時に、こんなことをいってもどうせ信じてもらえないだろうとか、こんなことをいったって、ただの言い訳にしかならないと本人が思っていることも、彼の言葉から伝わってくるんです。つまり、甘えているんじゃないか、あるいは自分の努力が足りないんじゃないかといった批判は、人からいわれるまでもなく、何度も何度も自分で繰り返している。それでも、どうにもならない。実際にはそういう人があふれていると私は思っています。

ところが、やる気がない、働く気がない、あるいは働く気はあるけど仕事がないだけだという話しかないと、現実にいるその人たちはごっそり落ちてしまう。ですから、そのことを示したかった。その人たちの存在について考えたかったんです。

貧困というのは、お金の問題だけではないと思います。貧乏と貧困は違うというのが私の意見です。貧乏というのはお金がないということですが、お金がなくても豊かな人間関係を築いたり、しあわせに暮らしている人はいくらでもいます。

でも、そういった人間関係を含めた〝溜《た》め〟がない人もいる。金銭的な〝溜め〟（たとえば貯金）もないし、人間関係の〝溜め〟（頼れる親族や友人）もない。そういう状態で、つらい目にあっていくなかで、自信をなくしてしまう。生きてていいことがあると思えないし、この先、何かやれるとも思えない……。そういった精神的な〝溜め〟を失っていくという状態が、貧困ということだと思っています。

そういう状況にいると、新しい職場に行ったときに、仕事をやっていけるとは思えないという事態が、人によっては現実に起こるんですね。たとえば、新しい仕事に就くというのがどういうことかというと、いままで会ったことがない人たち、つまり会社の見ず知らずの同僚と一緒に、やったことのない作業を、ときには使ったことのない機械を使ってするということです。はじめて尽《づ》くしなわけです。

ところが、そんなときに多くの人は、やっていればできるようになるさ、と思える。だけど、本当は、そんなふうに思える根拠はないんですよ。だって、やったことがないんだから。つきあったことも、会ったこともない人たちと、うまくやれるかどうかも、本当はわからない。だけど、多くの人はうまくやれると思えて、実際に仕事ができたりするんです。

それがなぜかというと、たぶんその人が生活し、育ってきた過程のなかで、やったことのないことをやらせてもらえたとか、うまくできたらほめられたといった、いわゆる成功体験を得てきたからだと思うんです。

一方、そういう経験のない人が、新しい職場にいってみて、「これはとても自分にはできない」と思ってしまったとしましょう。その思いは、彼らが思い直せばなんとかなることなのでしょうか。私はその人たちを見たり、話したり、つきあったりしていて、どうしてもそんな簡単な話だとは思えない。ところが、世間はそれを認めてくれません。

たとえば、病気で働けなかったといえば、社会や人は批判しません。なぜなら、自分も病気をしたことがあるからです。健康管理ができていないからだと、いおうと思えばいえますが、そんなことをいう人はあまり多くない。ところが、仕事に関しては、世間はかなり厳しい。自己責任論です。死ぬ気になってやれば、働けないはずはないんだ。そういった感じで責められてしまう。

しかし、それは世間が勝手に仕切っている話です。田原さんがどうしても働くことが続けられないと感じたのは、四〇度の高熱が出て仕事に行けないのと同じくらい、彼自身にとっては、どうしようもなかったことなのではないでしょうか。

そういうことを含めて貧困という問題を考えないと、現実に存在する貧困状態にある人というのは、結局「お前が悪い」で片づけられてしまう。貧困問題が社会問題として、いつまでたってもまともに論議されない、また検討されないということになるんじゃないか。そんなことをこの本で書かせてもらいました。

若者たちが置かれた状況

本田　いまのお話をふまえて、おふたりにそれぞれ私から質問があります。

まず、阿部さんは、バイク便の研究では、趣味や自己実現といった学生アルバイトの延長的方向での働きすぎ、また不安的就業と裏腹な働きすぎといったことを指摘されています。ケアワーカーの研究は、「気づき」の重要性——たとえばクライアントが求めていることにすばやく気づき、きめ細かいケアを提供するといったコミュニケーション能力の要請——や、奉仕の喜びといった点が強調されます。さらに、それが主婦労働と連結することで、低賃金のままでの働きすぎをもたらしている現状を浮かびあがらせています。

私は、阿部さんのふたつの研究を引用しながら、雑誌「世界」で「〈やりがい〉の搾取」という論考を書きました。そこでは、いま、若い人たちが、いろいろなまやかしのやりがいによって、低賃金労働であるにもかかわらず、それを受け入れるような状況に置かれていることについてまとめています。

そのやりがいの要素として四つあげました。ひとつはバイク便ライダーに見られるような「趣味性」です。阿部さんのバイク便ライダーについての研究を引用して、好きなことを仕事にできるという点に、若者が吸いよせられていく特徴をあげました。次は「奉仕性」です。ケアワーカーのように、人のためになる――たとえば、お年寄りの笑顔が見られる――といったことをやりがいとすることで、低賃金で働きすぎてしまう人たちがあらわれていることをあげました。

私は、これらにくわえてふたつの要素をあげています。三つ目の要素は、「ゲーム性」と名づけました。そこで引用したのは、『若者の労働と生活世界』の第二章で居郷至伸さんが書いた「コンビニエンスストア」の内容です。居郷さんは、コンビニエンスストアで雇われ店長として仕事をしている若者たちの働き方について、考察しています。

彼らは、擬似自営業者としての自己認識をもっていて、たとえば棚揃えや品物の仕入れ方、そして並べ方を工夫すれば、自分が働いているコンビニの売上を伸ばしていけると考えています。つまり、自分たちの工夫や裁量で、この店がなんとかやっていけるといったところにやりがいを見いだし、長時間労働にのめり込んでしまいます。

四つ目は、「サークル性・カルト性」です。そこでは居酒屋の例をあげました。毎日、店長が朝礼をする。たとえば「お客様に最高の笑顔を！　みんなで夢を叶えよう！」というと、従業員がみんなで「オー！」と応える。みんなで同じことをやるなかで、一致団結するようなかたちでやりがいを覚え、仕事にのめり込んでいく。そんな状況があると考えました。

このように「〈やりがい〉の搾取」では、阿部さんがあげた「趣味性」と「奉仕性」以外に、「ゲーム性」「サークル性・カルト性」というふたつの要素を付けくわえました。つまり、四つのまやかしのやりがいをあげ、それによって若者が搾取されている状況を論じたのです。

私は、このような現実に対し、阿部さんと同じように、まやかしにごまかされたままではいけないと思っています。そして、若者たちがその現実に気づき、労働条件を改善していけるように、彼らに〝鎧《よろい》〟を与えるべきであると考え、専門性ということをずっと提唱し続けています。

ただ、専門性と熱心に言いながら、自分のなかで本当に大丈夫だろうかという気持ちもあるんです。阿部さんも専門性の必要性を強調していますが、専門性という〝鎧〟は、まやかしのやりがいのすべてを救えるのか。専門性は本当に〝鎧〟になりうるのか。あるいは、いかにしてなりうるのかということについて、どのようにお考えでしょうか。

また、湯浅さんにうかがいたいのは、次のことです。湯浅さんたちが書いた第九章を読んだとき、そこにあげられている田原さんの例の切実さには、本当に心を打たれました。中卒である彼の状態は、教育課程から排除されています。雇われて働くこともなかなかできないわけですから、企業福祉からも排除されている。

ご両親はすでに他界されていて、家族福祉からも排除されている。生活保護が受けられないという点で、社会福祉からも排除されている。また、そういった状況のなかで、仕事に従事したとしても、ついていけると思えない状況がある。さらに、そこから先への展望を抱けないということが、自分自身からの排除につながっていく。つまり彼は、〝溜《た》め〟がきわめてすくない存在です。

そして、そういう人たちが確かにいて、若者たちには意欲があるから大丈夫だという言説――私も『「ニート」って言うな!』(光文社新書)でそういうことをいっているわけですが――からはみ出す存在であるということは、確かにそうだと思います。

そこで湯浅さんに聞きたいのは、彼のような極限状態は、誰の心にも何かを訴え、彼のような状態になれば誰であっても意欲の貧困をもたらすであろう、と説得されると思うんです。しかし〝溜め〟のなさや排除の度合いというのは、グラデーションをなしていると思います。そこで、どこまで〝溜め〟を失い、排除されれば、手を差しのべられたり、救済されたりする対象として見なすことができるのか。それとも、もっと幅広く若者の苦しみをとらえ、たとえば「五重の排除」(教育課程と企業福祉、家族福祉、公的福祉、そして自分自身からの排除)のなかの四つにおいて排除され、残るひとつのところで、すこし排除されているような人でも、それはそれで苦しいだろうということで、助けてあげなければならない対象と見なしているのか。どこまでを範囲としてとらえているのかをうかがいたいと思っています。

そして、おふたりに共通してうかがいたいのは、阿部さんがあげている〈働きすぎ〉の問題、湯浅さんがあげている〈働けない〉問題、このまったく逆の両極端に見える問題というのは、日本社会が置かれている大状況から生み出された、表裏一体で地続きのものなのか。もしそうであるなら、全体状況をどのようにとらえ、その大状況や前提というものがあるとすれば、それを覆していくために何が必要であり、どんな対策があると考えているのでしょうか。

現状に抗するための専門性とは

阿部　ニートとワーカホリックの問題というのは、まったく逆の問題のように語られがちですけど、じつは根が同じだと思っています。ニートになって家にこもってしまう人と、死ぬ気で働いているケアワーカーたちの根にあるものは、ほとんど一緒だと思うんです。
　仕事や働くということに対する過剰な思い入れや意味づけを、両者がもっている。働くことに対する過剰な意味づけがあるから、もし自分に合った仕事があれば無茶苦茶働いてしまい、合わない仕事だと辞めて、ひきこもってしまう。そういう表裏一体の問題だと思います。仕事に過剰な意味づけが与えられて、ニートになるか、ワーカホリックになるか、どちらかを選ばざるをえないような状況に、いまの日本があるのではないかと思います。

本田　でも、たとえば田原さんは、そんなに仕事に過剰な思い入れをもっていないと思います。もうひとつは、若者が仕事に対して過剰な思い入れをもっているからいけないのでしょうか。

阿部　若者の誰もがそうだといってるわけではありません。そして、彼らが悪いわけでもない。ただ、ワーカホリックになるような働き方しか許さないような教育や職場があるというのは、確かだと思うんです。

たとえば、ケアワーカーやバイク便ライダーの現場に行って、その働きぶりを見れば、田原さんが働けなくなったというのがよくわかると思います。『若者の労働と生活世界』第二章の居郷さんの論文を読むと、コンビニで働くにしても、ものすごくきつい感情労働が要求されることがわかります。つまり低賃金で、余暇を大事にしながら、だらだら働くことができるような職場がすくなくなってきている現状があります。

もうひとつは、『13歳のハローワーク』に代表される、仕事で自己実現しましょうとか、仕事がしっかりできてるヤツがカッコいいといった認識が広がっている。それに対して、僕が提唱しているのは、ほどほどの働き方ができるような職場がすくなくなってきているという現状に対し、使い捨てられもせず、かといってひきこもりもしない、そういう生き方をするにはどうすればいいのかということです。

たとえば、ケアワーカーの話でいうと、仕事内容は無限定です。つまり、目の前に瀕死《ひんし》の状態の高齢者がいた場合、あなたは何をしてもいいですということになっている。とにかく、あなたの裁量で働きなさいという自由裁量性が、個別ケアの現場なんです。

そうすると、どうしても働きすぎてしまうわけです。それでサービス残業をしないワーカーたちが、人でなしのようにあつかわれてしまう。そんな働きすぎを強要する状況や職場でなくするためには、やはり専門性が必要だと思うんです。

専門性というと、どうしても上にあがっていくイメージですが、簡単にいうと、それはマニュアル化だと考えています。作業をすべてマニュアル化すればよい。そうすれば、全部決まっているわけだから、働きすぎることもない。ラインを決めて、ここまで仕事ができるようになったら時給があがっていく。そういうかたちにしていくことです。

僕がいっている専門性は、そういう意味です。それによってワーカホリックを防ぐことができる。仕事にやりがいがなくなったという人たちに対しては、もともと仕事にやりがいなんて求めるなといっていく。そういう教育をしていく必要があると考えています。

田原さんに関してですが、彼自身は、仕事で自己実現を求めているわけではありませんね。ならば、自己実現を要請される、また過剰なコミットメントを要求されてしまうような職場状況になっている現状に、一因があると思います。その結果、ついていけないという状態になってしまう。やはり、そこもマニュアル化していけば、なんとかなるんじゃないかと思いますし、彼みたいな人も救えるんじゃないかと思っています。

社会全体で貧困について議論されるための前提

湯浅　まずは、用語の問題からひとつだけ。私は、手伝いとかサポートとは言いますけど、救済という言葉は使いません。法律家の人は、よく救済という言葉を使いますが、相談にくる人たちは私たちにとって、将来一緒に活動する仲間です。大げさに聞こえるかもしれませんが、同志だと考えています。

実際にいま、かつて生活保護の申請を手伝った人が、一緒に相談を受ける側になっていたり、あるいは「あうん」なんかで、野宿の人が私たちに仕事を教えてくれたりします。そういった感じですから、救済という言葉はあまり使わないんです。

〝溜《た》め〟のグラデーション、つまりどこまで排除されればサポートされる対象になるのかということについてですが、本当はそれを社会全体で議論しなければいけないことだと思います。しかし、いま、どこかで線引きをするとすれば、日本の場合は公式には生活保護基準以下の暮らしをしているかどうかが対象になります。

では、私たちのところに来る人で、生活保護基準以上の収入がある人は、何の対応もしないで「じゃあ、さようなら」といって追い返すのかというと、そういうわけではありません。ただ、貧困かそうではないのかを、どこかで線引きしなければいけない。

あるいは、その〝溜め〟がだんだん小さくなっていくなかで、それがどこまでいったら黄色から赤信号に変わるのかということを線引きしなければいけない以上、私の貧困の定義とは違いますが、生活保護基準という金銭的に勘案できるものとして定められていますから、それはそれで有効なものだと思っています。

しかし、むしろ不幸なのは、ほとんどの人がこの公的な貧困ラインとしての生活保護基準について知らないということです。収入がこの金額を下まわったら、国が責任をもちますというのが憲法第二五条であり、生活保護です。ところが、自分の家庭、ひとり暮らしの人もいるでしょうし、二人家族や三人家族もいるでしょうが、自分の家庭が、いったい国にどれだけの金額の収入を保障されているか、知っている人がいない。福祉職の人は別ですけど、私はそれを知っている人に、ほとんど会ったことがありません。

労働組合の人たちと話をすると、最低賃金については多くの人が答えられるんですね。そして、最低賃金以下で働かされているなんて話を聞こうものなら、そんな職場はふざけているとみなさんが怒って、いまからすぐ労働基準監督署に行くぞ、となる。だけど、最低生活費については知らない。だから、法的にいえば貧困な人が目の前にいても怒らないんです。だって貧困だと思っていないし、貧困かどうかわからないんだから。

こうした現状は、本当は奇妙な事態のはずなんです。最低賃金というのは、労働現場しか規定していないわけですが、最低生活費というのは、労働現場だけではなく、生活すべてを規定しています。パチンコで勝ったお金も、拾ったお金も、仕送りも、年金も、全部入れて、ここを下まわったら国が生活保障すると宣言されている金額です。最低賃金よりもはるかに重要な金額のはずなのに、ほとんど誰も知らない。そういう状態で貧困の議論がまともに起こるわけがない、というのが私の意見なんです。

本田さんの問いに対する答えですが、いまの生活保護基準が妥当なのかどうかを、社会全体で議論しなければいけないというのは確かです。しかし、現状は、議論をするための前提になる自分の最低生活費を、まずみんなが知るということが必要だと思います。何が貧困かをとりあえず知る。自分が貧困なのか、貧困ではないのか。国に保障されている金額を下まわっているのか、上まわっているのかを知る。それが最初だと思っています。

本田　湯浅さんの答えは、貧困を金銭的な問題でとらえるべきではないという、ご自身が『若者の労働と生活世界』の第九章で書かれた主張から、すこし揺れているように思いますが。

湯浅　一応、第九章にも織り込まれてはいるんです。たとえば、家族から仕送りが受けられる人や、家族と住める人は、生活保護基準も変わってきます。人間関係の〝溜《た》め〟があるかないかというのが、生活保護基準のなかで金銭的に換算されるように、ある程度織り込まれている。

ただ、それは当然、厳密ではありません。そして、残念ながら人がもっている〝溜め〟がどれだけ大きいのか小さいのかは見えない。〝溜め〟が見えれば、世の中、スムーズにいくだろうと思いますけどね。

大状況をどうとらえていくか、そして、何ができるかということですが、これはそのあいだに相当隔たりがある質問です。私たちができることは、とても限られています。私が何をしているか、何ができるかという地点から必要だと考えているのは、社会資源をつくることと、居場所――つまり認められ、本人が居場所と感じられる場所をつくる、そのふたつが車の両輪のようにまわっていかないと〝溜め〟は増えないと思っています。

たとえば、社会資源は、働く場でもいいです。あるいは生活保護を受けられるということでもいい。法律相談でも、連帯保証人が得られるということでもいい。いろいろなことがあると思います。だけど同時に、本人が受け入れられると感じられ、居場所と感じられる場所がなければ、いくら社会資源を整備していっても、それは使えないと思うんです。そういった点が、阿部さんの意見とすこし違うのではないかと思います。

私も逃げていればいいとは思いませんが、ただ、いったん厳しい現実から距離を置いて、ホッとできる場所は必要です。そういう場所がないと、仕事でがんばることもできない。しかも、そういう場所と仕事がうまく重なって、趣味を仕事にできるし、仕事にやりがいを見いだせれば、それはそれでいいことではないかと思うんですよね(笑)。「あうん」は、私が働いても、野宿している人が働いても、みんな日当六五〇〇円です。もちろん、つらいときもありますけど、楽しんでる人は楽しんでる。メンバーのなかには、そこが唯一の居場所だという人も確かに存在する。そんな状態は、それはそれでいいのではないかと思うんです。だから仕事はすべて必要悪なので、やりがいを求めるな、とまではいえないかなと。

阿部　趣味と仕事が一致して、しかもそれで社会資源もしっかりしているというのがベストな状態です。たとえば……常勤の大学の先生とか（笑）。ただ、仕事でやりがいが得られて、同時に一生食べていけるような収入を得られるのは、やはり一部の人ですよね。

僕は趣味を仕事にするなとだけいってるのではなく、趣味を仕事にできて、それで食っていけるなら、ぜんぜんOKだともいっています。たとえば、夫が安定した仕事に就いていて、その妻が時給八〇〇円のケアワーカーで、家の近くのグループホームで身を粉にして働いていても、そんなに問題はない。

もちろん立場が逆でもかまいません。その場合、どちらかが稼ぐお金という社会資源がありますよね。そして、そのことで精神的な〝溜《た》め〟もできます。そういう状況にある人が趣味を仕事にするのは、まったく問題がないと思うんです。

しかし、居場所だけで、社会資源がなくなってしまう状態は問題でしょう。たとえば、ケアワーカーの話を聞いていると、社会的な基盤がないのに居場所だけ求めてそこにいてしまう。それで自滅してしまう。最終的に介護報酬を上げることで、ケアワーカーが働いて、やりがいをもち、労働条件もしっかりしてる状況がベストなんですが、いまの介護報酬は非常に低賃金です。

つまり、居場所だけがあって、社会資源がつくられていない状況であり、そこでの趣味と仕事の掛け合わせがあぶないといっているんです。

この社会は変わっていくのか

本田　湯浅さんがあげた社会資源と居場所の話は、『若者の労働と生活世界』第六章の「ストリートダンスと地元つながり」で、東京近郊の駅前に集まってダンスをしながら、職業的な達成を強く求めない若者たちを描いた新谷《あらや》周平《しゅうへい》さんの論考とつながります。

　そのなかで新谷さんは、若者が必要としているのは、「道具性」と「表出性」であると指摘しています。「道具性」とは、たとえばお金をもうけたり、キャリアを積み、生活手段を得ることを可能にする機能で、まさに社会資源と言い換えることができると思います。

　しかし、ストリートダンサーたちは、自分をわかってくれる地元つながりの仲間を優先し、情緒的な安定を可能にする「表出性」のほうを大事にしてしまう。駅前をはなれ、もうすこし都心のほうで探せば仕事があるかもしれないけど、地元からはなれようとしない。つまり「表出性」に閉じこもり、「道具性」を失うことになってもかまわないと思っている若者たちの存在を、新谷さんは指摘しているのです。

　阿部さんが、ヒッピーコミューンに疑問をもっているのは、そこが「表出性」だけの場であるからということでしょうか。たとえば、ヒッピーコミューンが、一方でデモなど抵抗運動を展開していれば、それで問題ないんですか。

阿部　デモの拠点となるなら、圧力団体になっていくということであり、まったくいいと思います。
たとえば、三五歳までしか生きないと決めていて、それを受け入れているなら、自滅型のヒッピーもいいと思います。その人の生き方は、その人の生き方ですから。お金を稼ぐことに興味もないし、地元で仲間とずっとストリートダンスをして、食えなくなって困るというのも、個人がそういう生き方を選ぶことについては、それでもいいと思うんです。しかし、そういう生き方では、まずいんじゃないかといってるわけです。

湯浅　そういう居場所——受け入れられる場所、あそこでは自分がいていいんだと思える場所——は、必要条件だと思うんです。でも、それだけでは、十分条件になりませんし、それだけでは生きていけません。しかし、それは人にとって欠かせないものだとも思うんです。

阿部　それはそうです。社会的な肯定感がないと人は生きていけません。もちろん、そうなんですけど、別にそれが職場である必要はないですよね。

たとえば、ケアワーカー（介護士）さんや看護師さんの話を聞いていると、やりがいについて語ることが多いのは、ケアワーカーさんなんですね。多いパターンとしては、いままで社会的に居場所がなかったけど、この職場に来てはじめて居場所を見つけられましたといった語りが、ケアワーカーの人に多い。そして「自己肯定感×仕事＝ワーカホリック」といった感じで、三〇歳までに働きすぎてしまうといったパターンに、はまっていってしまう。
それと比較すると、看護師さんは、やりがいについて語ることがすくないんです。仕事も専門化されているからか、本人たちの意識も、仕事は仕事、遊びは遊びといった感じです。

要ですよね。

仕事だけではなく、その他のところで肯定感を得ている。そういった仕事と余暇の関係が重要ですよね。

本当は、仕事と趣味が一致すればいいんですけど、一致しても、どちらかというと問題も多い。また、それが金銭的な保証と結びついていれば問題もすくないのですが、やはりそれはなかなかむずかしいのが現状だと思います。

社会学者のジグムント・バウマンが、これだけ流動性の高まった社会——仕事もガンガン変えていかなければいけないような状況——において、仕事で自己実現できる人たちというのは一部であり、特権的な階級にすぎないといっています。ですから、仕事とは別の居場所が必要だということは、わかるんです。

湯浅　いまの話にあった折衷《せっちゅう》的なところが、阿部さんが普段書いているものや、最初の話からは落ちてるような気がするんです。

たとえば、さきほど専門性の話のとき、マニュアル化すればいいという話が出ました。ですが、それ以前に、ある程度仕事にやりがいがあって、それで生活していけるという状態が本当はいいんだけど、といった話を阿部さんはしますよね。しかし、阿部さんが普段書いているものだと、いまの話の「だけど」までがなくなってしまって、そういうことは実現不可能だから、あとはそのなかでどう生き残るかという話だけしかないような気がしたんですね。

私はどちらかというと、そういった意義を見いだしながら活動し、そのなかで生活もでき、それで自分が文句を言いたいことに文句もいえる、おかしいと思ったことに異議申し立てできるような空間が世の中にどれだけ増えていくか。それが、世の中がよくなるかどうかの境目だと思っています。ところが、阿部さんの主張では、なんだかその道がふさがれてしまっているような感じがするんですよ。

基本的に仕事の現場にやりがいを得るなんてことは無理だから、仕事にはそういった期待をしないで、あとは仕事のなかで磨り減らないようにやっていこうというふうにだけ聞こえてしまう。そして、現状に対する処方箋としてあるのがマニュアル化だけなのかと。

本田　専門性とはマニュアル化なんだといわれたときに、私も違和感がありました。私にとっての専門性は、〝鎧〟であると同時に、防衛しながらある程度のやりがいを見いだせるものだと考えています。

阿部　それは否定していないんです。たとえば、看護師の人が仕事にやりがいを見いだしていないかというと、見いだしている。看護師さんはプライドをもって仕事をしている。ただ、それは居場所としてではなく、仕事というとらえ方をしたうえでのことだと思うんです。

本田　仕事の居場所性をどこまで許容するか、といった微妙な程度の問題のような気がします。

ただ、注目している部分が違うにせよ、おふたりともそれぞれのやり方で、不可視化された現実――たとえば過酷な働きすぎや低賃金、あるいは福祉を奪われた状態、〝溜め〟のない状況などと、虚構の言説／まやかしのパラダイス――や、仕事で自己実現するといったことや、意欲さえあればなんとかなるはずだといった、つくられた虚構のあいだで宙づりになっている若者たちの現状を告発し、可視化することで、鋭く糾弾していると思うんです。しかし、いま、おふたりは手応えを感じていますか。世の中、変わっていきそうですか。

阿部　『搾取される若者たち』が出たあとに、バイク便のソクハイという会社に労働組合ができました。以前でしたらバイク便の会社に組合ができるなんて、考えられなかったことで、それは非常にうれしい話です。個人加盟のユニオンなども増えていますし、そういったかたちで声をあげていかないと変わってはいかないので、そういう意味での手応えはあります。そして、ついに厚生労働省が、請負契約で働くバイク便ライダーについて、一定の条件のもとに労働者と見なすべきであるという通達を全国の労働局に出しました。

また、現場に行って話を聞くと、「がんばってください」とか、「お願いします、なんとかしてください」という話が多いので、そういうかたちの手応えですかね。こういう立場にいるんで、やっていかなくてはと思っています。

湯浅　私は一九九五年から二〇〇二年まで、渋谷で野宿の人たちと一緒に活動していました。ときどき渋谷の駅前に立って、野宿の人たちと一緒にならんで演説していたんです。世の中、たいへんなことになってきている。野宿の人たちがこれだけ増えてるってことは、日本に貧困が広がっているということなんじゃないかといった話をしていたんです。

けれど、当時、足を止めてくれる人はひとりもいませんでしたね。そういう時期が長かったので、いまこうやって話を聞いてくれる人がいるっていうだけで、私は嬉しいんです（笑）。それがまあ手応えといえば手応えですね。

ただ、ここ近年、とくに去年からガラッと変わったと感じています。二〇〇六年の夏ごろ、私は「格差ではなく貧困の議論を」という文章を書いていました。その文章を書いている同年七月ごろは、誰も貧困のことをいわないじゃないか、と思って書いていたんです。しかし、その文章が出た同年一一月ごろには、新聞で貧困ということがけっこういわれるようになっていたんです。あの急激な変化は、忘れられないですね。最近のマスコミは、すこし過熱しすぎているくらいの取りあげ方だと思っています。

では、社会ですごく大きなうねりが起こっているのかというと、たとえば私たちが感じている手応えというのは、四〇〇人の会場で集会をしたら五〇〇人来たとか、二〇〇人の会場で集会をしたら二五〇人来たとか、結局、そのレベルです。まちがっても五〇〇〇人とか一万人が集まったといったことはないわけですね。

なので、まだまだだなあとは、当然思っています。ですが結局、こういうことは見向きをされてもされなくてもやり続けるしかないので、やっていくなかで伝わっていくものだと信じて――というと、すこし宗教めいていますが――、いろいろ試行錯誤しながら、あの手この手をうっていくしかないだろう、そういうなかで変わればいいなというのが、正直なところです。

本田　いわないと変わらないことは確かですが、国も企業も変わるでしょうか。

湯浅　変わるか変わらないかはわからないけど、どうせ変わらないと思ってやらなかったら、絶対変わらない。それだけはまちがいないと考えています。

阿部真大（アベ・マサヒロ）一九七六年生まれ。社会学者。専門は、労働社会学、家族社会学、社会調査論。学習院大学非常勤講師。著書に『搾取される若者たち』（集英社新書）、『働きすぎる若者たち』（生活人新書）、『ハタチの原点』（筑摩書房）、『世界はロックでできている』（講談社）など。

湯浅誠（ユアサ・マコト）一九六九年生まれ。NPO法人自立生活サポートセンター・もやい事務局長。便利屋あうん代表。著書に『本当に困った人のための生活保護申請マニュアル』（同文舘出版）、『貧困襲来』（発行：山吹書店、発売：JRC）、『反貧困』（岩波新書）など。

〈コラム〉　雇われる側の論理

過去一〇年間にわたり、仕事の世界は変貌をとげてきた。それ以前から徐々に変化のきざしはあったが、それがいっきに顕在化した。その変貌は、働き方が多様化するとともに、多様化したそれぞれの働き方が、極限的といえるほどの負の特徴をもつようになるというかたちで生じているように見える。

働き方の「二極化」がしばしば指摘されるが、私の手元にある若者調査データでは、すくなくとも三つの層への分化が見られる。それは、非正社員が多くを占める「短時間労働者」、法定労働時間をすこし上まわる程度の密度で働いている「中時間労働者」、そして自営を一部に含む「長時間労働者」である。若年労働者のなかで、この三層はほぼ均等な比率で存在している。

データからは、それぞれの層について次のような特徴が見いだされる。

短時間労働者は、いうまでもなく時間的には仕事以外の生活と仕事との両立が可能だが、収入の低さや不安定性が突出している。

長時間労働者は、仕事のやりがいや、自分の能力を発揮できているという実感は得ている。だが、ときに生活や健康の維持が成り立たなくなるほどの時間を労働に投入しており、仕事が「きつい」という感覚も強い。

この両極の狭間にある中時間労働者は、かなり安定的に働くことができているが、仕事はルーティン的なものが多い。さらに、能力発揮や昇進の機会にはあまり恵まれておらず、同じ職場のなかでの人間関係が関心の大きな部分を占めている。

すなわち、短時間労働者は、時間的な自由度を得る代わりに、収入や安定性を犠牲にせざるをえない。長時間労働者は、没入できる仕事を得る代わりに、他の生活を犠牲にせざるをえない。そして、中時間労働者は、安定を得る代わりに可能性や自由を犠牲にせざるをえない。

このように、いずれの働き方においても、仕事に関わる重要な何かと引き換えに、別の重要な何かを手放さざるをえないような状態が生じているのだ。そして、手放した「何か」はきわめて大きい。短時間労働者にとっての不安定性、長時間労働者にとっての「きつさ」、中時間労働者にとっての将来や人間関係の面での閉塞性……。それらはどれも、ふつうの人間にとって耐えがたいほどの限度に達しているように見える。

むろん、こうした分化は、雇う側の働かせ方が生み出したものだ。「これが欲しいか？ ならば、あれをとことん差し出せ」という取り引きを、雇う側が突きつけているのだ。では、このようなぎりぎりの選択肢を雇う側が提示するようになったのはなぜか。

つねにいわれる答えは、「グローバルな経済競争が激化したからだ」ということである。確かにそれは否定できない。冷戦の終結や労働費用の安い新興諸国の台頭が、先進諸国における付加価値競争やコスト競争を厳しいものにしていることはまちがいない。

でも、それだけか？

現在の日本という国における働き方、働かせ方には、ほかの先進諸国とくらべてみても、異様な点がいくつも認められる。週当たり労働時間が五〇時間以上の労働者の割合は、日本が二八％で断トツであり、英米などのアングロサクソン諸国が二〇％前後でそれに続くが、大陸ヨーロッパ諸国は五〜六％にすぎない。しかも、日本における長時間労働者の比率は、近年とみに増大している。

また日本では、非正社員の比率が世界的に見ても高く、かつ正社員と非正社員の時間当たり賃金格差も際立って大きい。正社員の勤続年数は他国とくらべて長く、勤続に比例した賃金上昇の度合いは大きいが、仕事への満足感は低い。もしグローバル経済競争だけが原因なのであれば、なぜ日本においてのみ、働き方にこのような数々の異様さが見いだされるのか？

あるいは、こうもいわれるだろう。働き方が多様化し、それぞれに過酷になったのは、一九九〇年代の長期不況や、団塊世代の中高年化による人件費への圧迫が原因であったが、いまやそれらの要因はすぎ去った。「ロストジェネレーション」は不遇だったが、これからは働き方はまともになるだろう、と。実際に、新規学卒者の正社員採用は活発化しているではないか、と。

確かにそういう面もある。高校や大学の新卒者に対する求人倍率や内定率は、二〇〇三年ごろに底を打ち、その後は回復に向かっている。しかし、事態はそれほど一過性のものなのだろうか？　現在と将来を楽観していていいものか？

二〇〇七年の時点でも、新規大卒者の約七人に一人は、非正社員や無業のまま卒業をむかえている。しかも、新規学卒時点の統計だけでは、事態を正確に把握することはできない。学卒時には正社員として就職したのちに、早期に離職する者の比率は、高卒者では半数、大卒者では三人に一人という高止まりが変わらず続いている。

若年者のなかでの非正社員の比率も、じりじりと増え続けている。そして、いったん非正社員や無業になった者を、正社員として受け入れる企業の間口が大きく広がったわけではない。

また、正社員か非正社員かだけが問題なのではない。すでに述べたように、正社員のなかにも過重な働き方や未来のない働き方が広がっているのだ。それぞれに極限的な面をもつ多様な働き方の分布にはすこし変動が生じても、それらの中身がよい方向に向かっているというきざしは、何ら明瞭ではない。

ようするに、この事態は、グローバル経済や一過性の景気・人口要因だけでは説明できないのだ。私には、日本では働かせ方に関して、雇う側のフリーハンドが大きすぎるとしか思えない。もっとも、九〇年代のある時点までは、そうしたフリーハンドは庇護《ひご》という恩典と表裏一体だった。雇用の保障や職業能力の伸長、報酬の伸び、その他さまざまな福利厚生が存在したからこそ、働く側は雇う側に対して、働き方や職種・勤務地の配属などの面では身をゆだねることもできた。

しかしいま、雇う側は庇護というやさしい顔をくるりと反転させ、鬼面をさらしながら従来以上のフリーハンドを行使するようになっている。働く側にとっては、見る影もなくやせ細った恩典をかろうじて得るために、かつてよりずっと大きな代償を払わなければならなくなっているのだ。

そして、代償の中身が立場によって異なるために、働く者は互いのつらさがわかりにくく、むしろ自分とは違う層への羨望《せんぼう》混じりの憎悪をかき立てられることになる。長時間労働者は短時間労働者の自由を憎み、短時間労働者は中時間労働者の安定に嫉妬し、中時間労働者は長時間労働者が仕事に没入することを嗤《わら》う。

あいつら、いい思いをしやがって！

それ以上、贅沢《ぜいたく》をいいやがるな！

違う。誰もが同じひとつの構造のなかに投げ込まれているのだ。私のつらさとあなたのつらさは異なるが、私がいまのつらさから逃れようとしたとき、出くわすのはあなたと同じつらさなのだ、という認識こそが正しい。

だからこそ、働く側は、個々に、そして皆で、雇う側のフリーハンドに対抗しなければならない。あちら側にかたよりすぎた取り引きの主導権を、こちら側に引き戻す必要がある。告発や、交渉や、法への準拠や、市場行動や、投票行動や、あらゆる行為を通じて。紙や、画面や、声や、体や、あらゆる媒体を使って。路上で、会議室で、法廷で、カフェで、あらゆる場所で。

〈コラム〉　立場の対称性と互換性

先日、湯浅誠さんと対談する機会があった。湯浅さんは「NPO法人自立生活サポートセンター・もやい」の事務局長として、ホームレス状態にある人の生活保護申請の支援や、アパート入居時の連帯保証人の提供など、幅広い活動をおこなっている。また、湯浅さんは「Asia Worker's Network あうん」で、リサイクルショップなどを通じ、生活困窮者自身による「仕事起こし」を目指している。

二〇〇七年に入ってからは、さまざまな市民団体や労働組合などを組織して「反貧困キャンペーン」を繰り広げ、マスメディア上でも多数の鋭い発言をされている。その湯浅さんは、私が編者をつとめた『若者の労働と生活世界』に、「若年ホームレス」(仁平典宏との共同執筆)という文章を寄稿してくれている。この本の刊行記念のトークセッションで、私は湯浅さんとお話しする機会を得たのだ。

湯浅さんは、貧困状態にある人々は、企業福祉や家族福祉、社会福祉、教育、そして人間関係のいずれからも排除され、あらゆる「溜《た》め」(余裕のようなもの)を失っていると述べた。それに対して私は、排除の度合いは人により多様だが、湯浅さんはどの範囲の人々を〝救済〟の対象と考えているか、と質問した。

湯浅さんはそれに答える前に、「まず用語についてひとこと断っておきたい」といった。「僕はお手伝いという言葉は使いますが、〝救済〟という言葉は使いません。相談に来られる方たちは、〝救済〟の対象ではなく、今後一緒に活動する仲間だからです。実際に、かつてお手伝いをした人たちが、いまは僕たちに仕事を教えてくれていたりするからです」。

私は謝った。続いて湯浅さんは、やはり生活保護基準以下の生活をしている人たちを優先的に支援すべきだと思う、と答えた。

私にとって印象的だったのは、問いに対する湯浅さんの答えよりも、「用語」についての彼のひとことだった。私が〝救済〟という言葉を使ったのは、支援する者とされる者とのあいだの立場の非対称性、言い換えれば前者の優位性を無意識に想定していたからだろう。それを湯浅さんは否定した。彼は、支援者と被支援者のあいだの立場の対称性や互換性を前提にすべきだと主張したのだ。

社会のなかで、格差や分断、そして対立が深まっているいま、人間と人間とのあいだの立場の対称性・互換性ということを、もう一度、思い起こす必要がある。抵抗勢力や既得権益、モンスター・ペアレントやダメ教師といった言葉に踊らされ、たがいにそしり合い、憎み合っている場合ではないのだ。

V 排除される若者たち

若年労働市場における二重の排除 ――〈現実〉と〈言説〉

日本的な「排除型社会」

社会学者ジョック・ヤングは、「包摂《ほうせつ》型社会」から「排除型社会」への変化が、現代の先進諸国で観察されると指摘している（ヤング、青木秀男ほか訳『排除型社会』洛北出版）。

従来の近代社会では、標準的な生き方が是とされる一方、そこからはずれた者も社会に同化し包摂しようとする作用が強かった。それに対して、現在の後期近代社会では、不確実化・多様化・不安定化が進行するなかで、リスクや困難を抱える他者や集団に対する不寛容さが高まり、彼らを社会から排除する作用が強まっているとヤングは述べている。

こうしたヤングの議論の多くは、現代の日本にも当てはまると考えられる。だが、ヤングの指摘のなかには、日本にかならずしも当てはまらない点も見いだされる。

たとえば、ヤングがあげる後期近代社会の主要なメルクマールには、多文化主義と犯罪増加が含まれている。しかし、これらはいまのところ、日本社会では顕著なものとなっていない。日本では、多様な価値や文化を承認するのではなく、むしろ愛国心や社会奉仕などの画一的な「善」を称揚し、それによって国民の一体化をはかろうとする方向性が、為政者や国民の一部に色濃く見いだされる。

また、日本では通説としてよく語られる犯罪の増加や治安の悪化は、客観的データからは検証されない（たとえば、浜井浩一・芹沢一也著『犯罪不安社会』光文社新書）。つまり、日本では、標準的・同質的で安全な社会がかなりの程度維持されたまま、そこから過酷な排除のされ方をする集団があらわれはじめていると考えられる。

そうした集団として注目すべきは、若年労働市場における非典型労働者および無業者である。周知のように、一九九〇年代半ば以降の日本では、パート・アルバイト、派遣社員、請負社員、契約社員など、さまざまな雇用形態をとる非典型労働者が急激に増加した。それにともなって、仕事に就いていない未婚の無業者も一定の増加を見た。

典型労働者（いわゆる「正社員」）を標準的な働き方・生き方とする見方が強固に存続するなかで、彼ら非典型労働者・無業者は、処遇の劣悪さや不安定さ、そこからの離脱と典型労働への参入の困難さという面で、何よりも歴然たる〈現実〉として排除された存在である。

しかし、彼らがこうむる排除はそれだけではない。彼らがそうした状況に置かれることになった原因を、彼ら自身の職業意識の問題、すなわち意欲や努力などの不足に求める〈言説〉が、一九九〇年代後半から二〇〇〇年代はじめにかけて、日本社会に増殖した。そのことにより、彼らはいわば意味づけの面でも排除され、おとしめられた存在とならざるをえなかった。

ただし、標準的な存在として社会に包摂されているはずの典型労働者のなかでも、九〇年代以降、長時間労働や要請される仕事内容の過重さが顕在化した。それゆえに、一度は典型労働者という地位を手にしながらも、みずから非典型労働・無業へと離脱する、あるいは過労死・過労自殺などのかたちで、生というものからさえ離脱する層が、無視できない規模で出現している。脳・心臓の疾患および精神障害に関する労働災害の請求件数・認定件数は、九〇年代末以降、うなぎ昇りに増加している(1)。

それゆえ典型労働者としての社会への包摂とは、高いハードルを課されたうえでの見せかけの包摂であり、そのハードルを超え続けることができなくなる者を、絶えず外へと排除していくメカニズムを内にそなえている。その意味で、典型労働者と非典型労働者・無業者は、まさに表裏一体であり、「地続き」の存在なのである(熊沢誠『若者が働くとき』ミネルヴァ書房)。本稿では、こうした日本の若年労働市場で進行する〈現実〉面および〈言説〉面での二重の排除の実態をあきらかにしたうえで、こうした排除をもたらしている社会的な背景と、必要な対策について論じてみたい。

若年労働市場における〈現実〉面での排除

九〇年代半ば以降、若年労働市場が急激に厳しい状況におちいり、非典型労働者・無業者にならざるをえない者が急増したことについては、すでに数多くの指摘がある。この間、政府は、若年の雇用状況に関する統計的な把握を、かつてよりも細かくおこなうようになっている。

そうしたデータから、過去約一五年間の若年雇用状況の推移の概略を見ておこう。とくに、バブル経済崩壊後の長期不況から脱し、「いざなぎ超え」と呼ばれる好況期に入ったといわれる、二〇〇〇年代初頭以降から直近の動向に注意を払うことにする。

二〇〇五年以降、景気回復と団塊世代の大量退職期の到来（いわゆる「二〇〇七年問題」）により、すくなくとも新規学卒採用に関しては、好転のきざしが見られるため、それが若年労働市場全体の回復をもたらしているかどうかを、検討しておくことが必要であろう。それは、若年労働市場の変化が景気変動と直結した一時的なものなのか、それとも長期的・不可逆的な構造的変化なのかを問うことでもある。

まず、いわゆる「フリーター」について見てみよう。公式定義では、「フリーター」とは一五〜三四歳の卒業者、うち女性は未婚者のなかで、①勤め先における呼称が「パート」または「アルバイト」である雇用者、②「パート・アルバイト」の仕事を探している完全失業者、③非労働力人口で、家事も通学もしていない「その他」の者のうち、就業しておらず、「パート・アルバイト」の仕事に就くことを希望している者とされている。

「フリーター」の推計人口は、一九九二年時点の一〇一万人から九七年には一五一万人、[2] 二〇〇二年には二〇八万人と、一〇年間でほぼ倍増したのち、二〇〇三年に二一七万人でピークをむかえ、以降は二〇〇四年二一四万人、二〇〇五年二〇一万人、二〇〇六年一八七万人、二〇〇七年一八一万人と減少傾向にある。[3]

しかし、「フリーター」の定義の核となっている「パート・アルバイト」に、派遣社員などをくわえた若年非典型労働者の全体で見ると、二〇〇三年三四一万人、二〇〇四年三五九万人、二〇〇五年三六〇万人、二〇〇六年三六二万人と、二〇〇四年以降も増加している。ただし、二〇〇七年にいたって三四八万人と微減している。さらに、前述の「フリーター」の定義から年齢面では外れる三五〜四四歳層について、同様の条件を当てはめた推計結果は、二〇〇四年以降もやはり増加している。それは「フリーター」以外を含む非典型労働者全体については、いっそう顕著である。(4)

それゆえ、「フリーター」の定義にある一五〜三四歳という年齢と、「パート・アルバイト」という就労形態に着目した推移で見れば、若年労働市場は一見回復しているように見える。だが、非典型労働者全体、そしてより高い年齢層にまで視野を広げてみると、景気回復以後も非典型労働者の増大傾向に歯止めがかかっていない状況だといえる。

こうした状況になっている理由としては、第一に「パート・アルバイト」という直接雇用形態の非典型労働力から、派遣や請負など間接雇用形態の非典型労働力へと、労働需要側が力点を移しつつあることがあげられる。第二に、もっとも採用が厳しい時期に労働市場に出た、いわゆる「ロスト・ジェネレーション」が、若年と定義される年齢層を超えるまで加齢しても、なお非典型労働者に滞留していることによる。

ただし、転職者について雇用形態間の移動パターン（年齢計）を見ると、二〇〇三年から二〇〇七年のあいだで、非典型労働から典型労働に移動した者の人口は、男女それぞれ二〜

三万人ほど増加している。逆に、典型から非典型への移動は、同程度の減少が見られる。(5)よって、非典型労働からの離脱の困難さには、わずかに改善のきざしが見られるものの、それは顕著なものというにはほど遠い。

こうした非典型労働者の年間収入（年齢計）は、二〇〇七年時点で一〇〇万円未満が男性の二八％、女性の四九％、一〇〇～一九九万円が男性の三〇％、女性の三七％を占めている。すなわち、非典型労働者のなかで、男性の六割弱、女性の八割弱は、年収が二〇〇万円に達していない。最近の変化を見ると、二〇〇三年から二〇〇七年にかけて、年収一〇〇万円未満が男女とも数％減少し、一〇〇～一九九万円および二〇〇～二九九万円が数％増加するというかたちで、若干の改善が見られる。とはいえ、非典型労働者の大半は、独立した生計を立てていくのが困難な水準の低収入しか得られていない状況に変化はない。(6)

なお、労働政策研究・研修機構の調査結果から、若年の典型労働者と非典型労働者のあいだでの時間当たり収入の格差を二〇〇一年と二〇〇六年で比較すると、典型労働者の時間当たり収入を一〇〇とした場合、「アルバイト・パート」では男性で二〇〇一年六五→二〇〇六年七〇、女性で二〇〇一年六二→二〇〇六年六八と、格差は縮小している。

しかし、格差が縮小した理由は、この間に典型労働者の労働時間が増加し、年収が減少したことにより、時間当たりの収入が減少したことにある。非典型労働者の時間当たり収入には、ほとんど変化がない（労働政策研究・研修機構『大都市の若者の就業行動と移行過程』労働政策研究報告書 No.72　二〇—二二頁）。言い換えれば、典型労働と非典型労働のあいだで、時間当たりの収入格差が縮小したのは、典型労働者の労働条件の劣悪化から生じたものにすぎないのである。

また、若年無業者（一五〜三四歳の非労働力人口のうち、家事も通学もしていない者）の人口推移を見ると、二〇〇二年から二〇〇五年まで六四万人で一定し、二〇〇六年に六二万人と微減している。だが、その年齢別の内訳は、時期があとになるほど高年齢層が増大している(7)。ようするに、無業者に関しても、その状態に長く滞留する傾向が見られる。

以上に見てきたように、景気が回復傾向に入った二〇〇四年以降には、いくつかの指標で若年労働市場には改善の傾向が見られる。しかし、それはわずかなものであったり、見かけのものであったりする場合がほとんどであり、非典型労働の処遇水準の低さと、非典型労働および無業の状態からの離脱の困難さ、すなわち〈現実〉面での排除の実態には、ほぼ変化がない。むしろ、典型労働の労働条件のほうに悪化のきざしが見られ、絶えず排除される存在を生み出す若年労働市場構造は、強化されているといってもいい。

くわえて、日本の労働市場から排除されることは、公共サービスからの排除と社会関係からの排除をともないがちであることから、排除された者の生活環境は、いっそう厳しいものとなる傾向がある（樋口明彦「若者の『自立』を解体する」『現代思想』vol.34）。前述のような低い賃金水準の非典型労働者や無業者が大量に存在していられるのは、彼らの多くが親世代の収入や資産に支えられているからである。したがって、家族との不和や離死別などによって、そのような支持基盤を失った若年者は、容易に極度の困窮状態におちいることにもなる（湯浅誠・仁平典宏「若年ホームレス」、本田編『若者の労働と生活世界』）。

こうした過酷な重層的・複合的排除の〈現実〉に、現代の若者は直面しているのである。

若年労働市場における〈言説〉面での排除

このような〈現実〉面での排除に覆いかぶさるようなかたちで、〈言説〉という、もうひとつの面での排除が生じている。すでに述べたように、それは、若年労働市場における〈現実〉面での排除が生じている原因を、若者自身の職業意識の問題、すなわち意欲や努力の不足に求める言説である。それらは、一九九〇年代半ばから二〇〇〇年代はじめにかけて多数あらわれ、いわば「若者バッシング」の支配といえるような状況をつくり出した。

その際のキーワードとして、はじめにもちいられたのは、ほかでもない「フリーター」という言葉である。八〇年代末に、リクルート社員による造語として登場したこの言葉は、当初は会社にしばられない自由で力強い働き方として、肯定的な意味でもちいられることが多かった。しかし、九〇年代半ばをすぎると、その量的な増大と労働条件の劣悪化がすこしずつあきらかになり、否定的な意味を帯びて使われるようになる。

そうした変化は、まず「フリーター」とは「甘えた、ぜいたくな若者」であるという見方として広がる。たとえば、雑誌「ＡＥＲＡ」九六年二月一二日号の特集記事「とりあえずスネかじり若年失業率急上昇の原因」のなかには、「職に対する切迫感の欠如は、この年代の若者に広く蔓延《まんえん》しているようだ」、「不況といわれても、餓死する人はいない。今の若い人に食うために働くという意識はほとんどないでしょう。だから、『自分がやりたいことがないから働かない』という考えが成立する」、「ぜいたくしないで、早く定職につけといいたい」などの文言が見いだされる。こうした「豊かな親に依存する若者」という「フリーター」観は、九〇年代末に「パラサイト・シングル」という言葉が登場し、普及したことによって、より確固たるものとなる。

さらに、二〇〇〇年代初頭にかけて、「フリーター」問題に対する社会的注目が集まるにつれて、「ぜいたく」や「甘え」からではあれ、一応は主体的に「フリーター」を選択するそれまでの若者像に追加されるかたちで、「選べない」「立ちすくむ」「不安」など、主体性を欠き、選択できない病理的な若者が「フリーター」であるというバリエーションがあらわれる。

たとえば、香山《かやま》リカは、「就職や就職活動ができずにフリーターや無業になってしまう若者、いったん就職してもすぐに離職してしまう若者」の根底に、「『どうせ私なんか』と根拠もなしに自己評価を下げ、『私はその他大勢だから』と就職をして社会に参加する人生に背を向けていながら、一方で『私にしかできないことがきっとあるはず』と、いつ来るともしれない〝名指しでの辞令〟を待ち続けている矛盾した心理」があると述べている（香山リカ『就職がこわい』講談社、二〇〇二頁）。こうして、八〇年代後半には「力強い若者」を意味していた「フリーター」という言葉は、その一〇年余の後には以前と正反対の意味を帯びさせられる結果になった。

さらに、非典型の形態ではあっても就労している「フリーター」に対して、二〇〇四年ごろから日本社会で、もうひとつの言葉が一挙に普及した。それは「ニート」である。この「ニート」という言葉は、日本ではその定義から失業者を除外していることから、就労をせず、また就労を目指してもいない存在をあらわす言葉として、「意欲のない若者」の代名詞となった。なお、「ニート」という言葉が蔑称化した事実やそのプロセスについては、すでに別のところで詳述したので、そちらを参照してもらいたい（本田由紀『「現実」――『ニート』論という奇妙な幻影」本田由紀・内藤朝雄・後藤和智『「ニート」って言うな！』光文社新書）。「ニート」という言葉は、それ以前から存在した「ひきこもり」という概念と合流することにより、消極的で自信がなく、足を踏み出せない若者像という意味合いを色濃く帯びた。それによって、「働くこと」に対する若者の内面の問題性を、「フリーター」よりもいっそう強く、社会に印象づける結果になった。

このように、一九九〇年代半ば以降の若年雇用問題の原因に関する〈言説〉は、労働需要側ではなく、労働供給側たる若者の意識や心理にその原因を帰属させるものが大勢を占めていた。そして、それらはほぼつねに、若者や、彼らが属する家庭・親への批判や非難をともなっている。このようにして、〈現実〉面で排除された若者は、排除の不当性を糾弾する声を奪われるだけでなく、社会に支配的な「ニートやフリーターはだめな若者」という図式を内面化した場合には、みずからを責め、否定するという自己排除へと水路づけられる結果になってきた。

それと表裏一体の現象として、九〇年代、とくにその後半には、「〇〇力」というように、さまざまな言葉に「力」という語をつけた言葉が登場し、マスメディアや政策文書などでひんぱんに使われるようになった。その典型が「人間力」であるが、それ以外にも「社会人基礎力」や「就職基礎力」など、さまざまな政府機関や団体が、それぞれに望ましい「力」を掲げるようになっている。

これらの言葉は、名称にはバリエーションがあっても、総じて積極性や自律性、柔軟性、そして他者との関係形成能力といったものを、その構成要素としている点で共通している（拙著『多元化する「能力」と日本社会』NTT出版）。こうした「力」をあらわす言葉は、人格や情動など、人間の内面のあり方に言及したものであると同時に、個々人がそれらの「力」さえ身につけていれば、いかに苦しい状況でも乗り切れるということを含意《がんい》している。

つまり、「フリーター」や「ニート」などが若者の内面のあり方に関する負の極を想起させるものであるのに対し、「人間力」などの諸「力」は、正の極にあたる概念だといえる。

こうして、九〇年代後半から二〇〇〇年代はじめにかけての日本社会では、両者を極とする数直線上に個々の人間を位置づけ、評価し、ときにはおとしめ、ときには称賛するような認識や感覚の構造が、強固に成立することになった。そのような構造により、負の極に近い場所にいると見なされる若者に対する意味づけ面での排除もまた、進行してきたのである。

ただし、二〇〇六年ごろから、「フリーター」「ニート」といった従来の蔑称に替わり、

「ワーキングプア」「プレカリアート」「若年ホームレス」「貧困」など、労働市場から〈現実〉面で排除された状況にある若者を、ストレートに言いあらわす言葉や議論が目立ってきている。それとともに、〈現実〉面での排除が発生している原因を社会構造または労働需要側に求め、それらを告発する運動も、多数のユニオンの結成やキャンペーンなどのかたちで活発化している。

それらの担い手として、若者自身が多く参画していることも、また特筆すべきである。彼らは、みずからに与えられた外部からの定義に抵抗し、自分たちの言葉で状況を定義し直そうとしている。このように、近年にいたってようやく、「若者」や「労働」の〈現実〉を解釈する図式は単一性を弱め、複数の対立する〈言説〉間の抗争や闘争の様相を帯びはじめている。

こうした対抗言説の浮上は、〈言説〉面での排除の進行に抗う望ましい動きである。とはいえ、いまだに従来の〈言説〉も広く普及し、存続している。それらのせめぎ合いのなかで、いずれが優勢を占めるかは、予断を許さない状態である。

二重の排除の背景

以上では、若年労働市場における〈現実〉面と〈言説〉面での二重の排除について概観してきた。それでは、なぜ一九九〇年代以降の日本社会で、こうした二重の排除が顕著に進んできたのか。ここでは、その背景について考えてみる。

まず〈現実〉面での排除に関しては、すくなくとも次の三つの要因を区別しておく必要がある。その第一は、すべての先進諸国に共通する長期的な傾向としての、産業構造の変化である。第二は、それがあらわれたタイミングやスピードには、日本固有の特徴があったということである。そして第三は、日本社会に従来から存在する慣行や制度など、変化しにくい要素の慣性的な残存である。

第一の点は、グローバル経済競争の熾烈《しれつ》化と、先進諸国の産業におけるサービス経済化、そして製造業の生産サイクルの短期化により、柔軟な量的調節が可能で人件費コストが低廉な非典型労働力に対する需要が高まっていることを意味している。

製造業の多国籍企業が労働コストの低いアジアなどの後発諸国に生産拠点を移したことにより、先進諸国内部では第三次産業に従事する労働力人口が増大した。そして、そのなかで大きな比重を占めるのは、販売や接客などの対人サービス職であった。

消費者の動きに応じた業務の繁閑《はんかん》がいちじるしいサービス業では、繁忙期のみに労働力を集中して投入できる雇用形態である非典型労働力へのニーズが高まる。また、先進諸国内に残った製造業は、高度な技術やデザイン、流行などによって消費需要を喚起するような多品種少量生産に重心を移した。そうした生産は、市場の動向や新製品の開発サイクルに即応した製造ラインの量的調節を必要とするため、やはり柔軟な出し入れが可能な非典型労働力への依存を強める。

このような経営環境や産業構造の変化により、多くの先進諸国では、すでにオイルショック後の七〇年代後半から、若者の高失業率や不安定就労の問題が顕在化していた。日本でも同様の変化が、九〇年代に入って顕著にあらわれはじめている。

ここで重要なのは、日本ではそうした変化が他国よりも遅れたことであり、しかも急激なかたちであらわれたということである。これが第二点目にあたる。日本は、オイルショックを協調的労使関係で乗り切ったあと、八〇年代にも製造業の衰えが顕在化しなかった。この時期に発達した「カンバン方式」などの効率的な生産システムは、他国からも注目・称賛され、「ジャパン・アズ・ナンバーワン」などと「日本的経営」の長所が喧伝《けんでん》されていた。八〇年代後半から九〇年代初頭にかけての日本では、バブル経済の好況下で、むしろ新規学卒採用需要はいちじるしい高まりを見せていた。

くわえて、一九九〇年前後の時期は、七〇年代前半に生まれた人口規模の大きい「団塊ジュニア世代」が離学期をむかえはじめていたこともあり、この時期に日本企業は、大量の新規学卒者を正社員として採用していた。そして、その直後にバブル経済が崩壊した。

長期不況に突入すると、このバブル期の過剰採用が日本企業にとって重荷となった。この重荷は、これも人口規模の大きい「団塊世代」が中高年期を迎えたことによる人件費圧迫とあいまって、若年を正社員として新規採用する余地をいちじるしく縮小する結果になった。そして、正社員に代わって活用されるようになったのが、非典型労働力である。

それ以前の日本では、非典型労働力の主要な供給源となっていたのは主婦と学生・生徒であった。こうした層は、家事や学業のかたわら、生計費補助のために副次的に就労していたため、低賃金や不安定雇用であっても、とくに問題視されることはなかった。しかし、九〇年代には、そのような労働条件が維持されたままの非典型労働市場に、新規学卒などの若年者が大量に参入することになり、大きな問題となった。

このように、日本では若年労働市場の変化の開始が遅く、急激であったために、労働市場慣行や制度の適応が追いついていないことが、若者の〈現実〉面での排除をいっそう厳しいものとしている。これが第三点目の要因である。

もっとも重要なことは、日本企業がいまなお典型労働力の給源を、新規学卒者または他社で正社員として実務経験をもつ者のいずれかに限定しがちであり、非典型労働または無業の経歴をもつ者に対する門戸が開かれていないことである。その理由は、日本企業の内部では、年功序列的な昇給・昇格制度が根強く残っているため、高年齢でかつ他社での正社員経験もない者を採用した場合、賃金モデルのどこに位置づけるかという判断がむずかしくなるためである、と指摘されている（城繁幸『若者はなぜ3年で辞めるのか？』光文社新書）。

また、従来の日本では、職務を遂行するうえで必要な知識やスキルは、企業に正社員として雇用されながら、企業内で実務や研修を通じて身につけることが一般的であった。それゆえに、企業外部の学校教育制度や公的な教育訓練機関で、職業能力を習得できる機会が整備されていないということも重要である。こうした状況下では、非典型労働者や無業者が職業能力の獲得・向上を通じて安定的な雇用に参入することは、困難にならざるをえない。

若年労働市場における若者の〈現実〉面での排除は、以上で述べた三つの要因が複雑にからみ合うかたちで生じてきたといえる。では、他方の〈言説〉面での排除はいかにして生まれてきたのか。言い換えれば、若者のあいだに非典型労働者や無業者が増加してきたことを、若者自身の職業意識や就労意欲の不全に求める見方は、何に由来するのか。

これについても、複数の要因が混在していると考えられる。それらの要因は、厳密にデータで立証することがむずかしいため、推測を交えつつ考察するならば、過去から継続して観察される要因と、九〇年代以降に固有の要因とをあげることができる。

まず、過去から一貫して日本で見られる特徴のひとつは、物事を精神論的ないし努力主義的に説明しようとする傾向であり、またもうひとつは、若い世代に見いだされる新奇な傾向を否定的にあげつらう傾向である。

前者については、第二次世界大戦時の「国民精神総動員」や、「誰でもやればできるんだ」という「能力平等観」(中根千枝『タテ社会の人間関係』講談社現代新書)、そして「学力は生まれつきの能力ではなく、がんばりによって向上させることができる」という学習文化(竹内洋『日本のメリトクラシー』東京大学出版会)、さらにはいわゆる「スポ根」ドラマ・マンガなどに見いだされる。

また、後者の傾向は、一九五〇年代の「太陽族」、六〇年代の「全共闘世代」と「フーテン族」、七〇年代の「シラケ世代」や「モラトリアム人間」、八〇年代の「新人類」や「クリスタル族」、そして「おたく」といった言葉に見られる。つまり、日本社会は、各時期ごとの若者の特徴、とくにその意欲のなさや気力の希薄さ、享楽主義、そして逸脱的傾向などをクローズアップし、揶揄《やゆ》するキーワードをつねに生み出してきた。こうした傾向が、九〇年代以降の「フリーター」や「ニート」という言葉にも当てはめられたという側面がある。

とはいえ、九〇年代半ば以降の「若者バッシング」は、過去から継続する若者論よりもよりいっそう厳しいまなざしを、若者に対して向けるものであった。その理由は、何よりも、高度経済成長期以降の日本社会において、若者は労働市場内で相対的に有利な位置を享受し続けてきたのに対し、九〇年代の〈現実〉面での若年雇用問題が、かつてなく深刻になったということ自体にあると思われる。未曾有《みぞう》の事態に対して、従来どおりの精神論的な若者批判が適用された結果、〈言説〉上の排除が苛烈なものになったという面は、否定できないだろう。

ただし、それだけでなく、九〇年代以降になると、長期不況にともなうリストラや多数の企業不祥事の発覚、インターネットや携帯電話の爆発的な普及、オウム真理教による地下鉄サリン事件など、安定的な日常生活を脅かすように感じられる多くの変化や事件が生じた。そして、それらが人々の不安を押し進めるように働いていたということも重要である。人々は、そうした不安の原因を、社会のなかの特定の層に帰属させ、それを批判したり排斥したりすることによって軽減しようとする（内藤朝雄「『構造』――社会の憎悪のメカニズム」『ニート」って言うな！』）。「きちんと働かない」若者は、年長者にとって不可解な存在であることから、そのような批判や排斥の対象とされたと考えられる。

しかも、九〇年代は「心」への注目がきわめて高まった時期でもある。個人化や不平等化、競争激化など、個人を取り巻く社会環境の厳しさが増大するなかで、個々人の「心」のあり方に注目し、それに介入したりケアしたりすることで、社会適応をうながそうとする動きが顕著になっている。このような事態は、「心理主義化」と呼ばれている（小沢牧子『「心の専門家」はいらない』洋泉社新書y）。客観的な労働市場構造ではなく、若者の内面がことさらに着目された背景には、こうした「心理主義化」の流れも関係しているであろう。

さらにいえば、政府や財界にとって、若者の職業意識に若年雇用問題の原因を帰しておくことは、もっとも安価で容易な対応策でもあった。新自由主義、市場至上主義、そして規制緩和が露骨に掲げられ、政府財政の破綻もあきらかである状況下では、企業の採用や雇用の方針に対して強力に介入したり、費用のかかる諸制度や機関を整備したりすることを回避するうえで、問題の「自己責任」化による若者の〈言説〉的排除は、都合のいい方策であった。また、マスメディアにとっても、親や若者のあいだに危機意識を煽《あお》り、「不安市場」ともいうべきものを形成することが、業界全体に利益をもたらしていたと考えられる。

これらのさまざまな諸要因が、若者の〈言説〉面での排除へと合流していたものと思われる。そして、若者を否定的に記述する〈言説〉は、企業の採用意欲、とりわけ非典型労働や無業の経験をもつ若者を登用する意欲をいっそう減退させるとともに、〈現実〉面での排除を促進する働きももっていた。

二〇〇七年に労働政策研究・研修機構が実施した「企業における若年層の募集・採用に関

する実態調査」では、企業がフリーターを正社員として採用することに消極的な理由の一位は、「根気がなくいつ辞めるかわからない」(七二%)で、「責任感がない」ことをあげる企業も四四%を占めている。ここには「フリーター」に対するステレオタイプな〈言説〉が直接に反映されている。

このように、若年労働市場における二重の排除は、たがいに悪循環をなすかたちで、若者の苦境を増幅させてきたのである。

二重の排除を超えるために

それでは、このような若年労働市場における〈現実〉と〈言説〉の二重の排除に対して、いかなる取り組みが必要であり、可能なのか。

すでに述べたように、〈言説〉面では、二〇〇〇年代半ばから、対抗言説が相当の厚みをもって登場している。そうした言説により、若者の職業意識だけが若年雇用問題の原因であると見なすような見方は、すくなくとも政策文書やマスメディアのなかでは後退している。ただし、それに代わる動きも出てきている。とくに、教育分野では安倍晋三政権下の教育再生会議などを中心に、「徳育」を強調する動きが目立っており、雇用問題に限定しないかたちでの「心」への介入や監視が積極化している。これは、公定の「良い心」にしたがわない者に対して、いっそう激しい排除を生み出すことが懸念される。

これに限らず、社会のなかに次々とバッシングする対象層を見つけだし、〈言説〉上で排除していく動きは、広く見いだされる。それゆえに、個別の事例に対して対抗的言説を生み出していく運動が引き続き必要であるだけでなく、そのようなバッシングや排除の構造そのものを可視化し、抑制していくことが、今後はいっそう重要になっていくだろう。

他方で、若年労働市場における〈現実〉面での排除に関しては、いまだに大きな課題が残されている。二〇〇七年六月一九日に発表された経済財政改革基本方針（いわゆる「骨太の方針」）では、若年雇用問題に関連する施策として、おもに以下のようなものがあげられていた。

・協力企業などによる「職業能力形成システム」と大学・専門学校などの「実践型教育システム」を通じた職業教育訓練機会の提供。
・「ジョブ・カード」を通じた取得能力の証明。
・地域における若者への「再チャレンジ」支援（①すべての若者に対応、②一人の人があらゆる悩みに対応、③訪問支援、④ネットワークの構築、⑤早期の対応、という五原則に基づくとされる）。
・「キャリア教育等推進プラン(8)」。

これらの施策は、二〇〇三年度から二〇〇六年度にかけて実施された「若者自立・挑戦プラン」（二〇〇四年度からは「若者の自立・挑戦のためのアクションプラン」）と同じく、「若者たちの意識や能力に〝テコ入れ〟を施し、緻密なジョブ・マッチングを行うことで、なんとか若年雇用問題に対処していこうとする――そこでは、当然、『意欲』と『能力』という競争主義的なふるいを通じて、『自己責任』として〝救われない〟若者たちも残り続ける――」（児美川孝一郎『権利としてのキャリア教育』明石書店）という限界をまぬがれていない。「ジョブ・カード」などの施策も、企業が現在の採用や雇用のあり方を変えない限り、その有効性は疑わしい。

そうした限界をもつ現行の施策に代わるものとして、実際に求められているものは何か。それは第一に、典型労働（正社員）と非典型労働の採用のあり方および採用後の働き方や処遇を、いずれも適正（decent）なものにしていくことにより、両者の分断や格差を緩和することである。第二に、労働市場に出る前の学校教育において、現在の「キャリア教育」のような適応主義的かつ精神主義的なものではない、実質的な職業能力形成と、労働者としてのエンパワーメントを拡充すること。第三に、能力形成と就労支援のみならず、若者全般に対する「人生前半の社会保障」（広井良典『持続可能な福祉社会』ちくま新書）を整備すること。この三点が考えられる。

具体的に述べよう。第一の点に関しては、まず非典型労働や無業の経験をもつ者に対する採用差別に対して、罰則をともなうかたちでの禁止を企業に課すべきである。そうすれば、新規学卒者を優先的に一括採用する旧来からの慣行に対して、企業はメスを入れざるをえなくなろう。

学校教育在学中の就職活動に、多大な時間とエネルギーを注がなければならない現状の問題点も考慮して、筆者自身は、以下のような対策を求めたい。それは、在学者に対する募集や選考の禁止、一括ではない随時採用の導入、選考基準の明確化、そして不採用の場合には理由の明示を義務化すること、などである。

さらに、採用後についても、典型労働者・非典型労働者間の均衡処遇の実施や社会保険負担を労働時間に比例して普遍的に適用すること、そして典型労働者の過度の長時間労働に対する摘発と懲罰の強化などが求められる。

現状では、典型労働者は一定の雇用の安定を保証する代償として極限までの貢献を求められ、非典型労働者はきわめて不安定な雇用と低賃金を課されるというかたちで、両者のあいだに明確な格差と断層、さらには移動障壁が存在している。ならば、両者を連続的なものとし、個人が希望する労働時間を柔軟に選択でき、それによって不利をこうむらないような処遇制度を導入する方向へと、企業を強力に誘導していく必要がある。

また、第二点目については、おもに高校教育以上の教育段階において、個々の職業分野・専門領域の実態にそくしたレリバンス（意義）の高い教育内容を編成していく必要がある。日本の現状では、高校生の四分の三が普通科に在学している。だが、高校普通科の教育内容は抽象性が高く、職業や社会生活に対するレリバンスは不足している。他方で、高校の専門学科は不当に低い社会的評価を与えられており、進学機会も過去よりは拡大しつつあるとはいえ、いまだ普通科にくらべて閉ざされている。

筆者は、高校別に特定の領域やテーマに重点化した教育内容の特色化を進め、現実の職業や社会生活に対するレリバンスを明示することにより、生徒の学習意欲や関心を引き出すことが必要であると考えている。言い換えれば、すべての高校を一定程度、専門高校的性格をもつものとして、再編していくべきだと考えている。

むろん、特定の領域やテーマに特化するといっても、それはあまりに狭く袋小路的な教育内容であってはならない。領域やテーマを切り口・入口としたうえで、普遍性と抽象性の高い知識へとつなげていくことが不可欠である。こうした考え方を、筆者は「柔軟な専門性(flexpeciality)」と呼んでいる。さらに、高校で学んだ領域やテーマによって、将来の進路が過度に制約されることがないように、進学や就職に際して、他領域に転換したり展開できるようなルートを制度的に確保しておく必要がある。

大学についても、専門職養成と直結した学部・学科以外は、学生の将来の職業キャリアを意識した教育内容編成になっていない場合が、現状では多い。たとえば、社会科学系であれば、広報・人事労務・マーケティング・コンプライアンスなど、現実の職業分野にそくした学科・コース分けを導入するなどの改革が必要であろう。

このように、高校や大学の教育内容の職業的レリバンスを高めることとは、単に産業界の現状に適応・追随する人材を育てることを目的としているわけではない。それぞれの職業分野について、現在の問題点や将来の方向性などを包括的な視点で把握し、変革していくことができるような人間像の育成を想定して進められるべきである。

くわえて、すべての職業に共通して必要とされる知識、たとえば労働者の権利や企業が遵守すべき法律などの知識も、教育内容に盛り込まれる必要がある。こうした職業的レリバンスの高い学校教育をベースとして、離学したあとも個人の必要に応じ、職業的な知識やスキルを更新・発展・転換することのできる機会が提供されるべきであろう。

そして、第三点目について、もっとも徹底的で即応型の施策としては、近年注目されているベーシック・インカムがあげられる。筆者は、これに対して否定的な見解をもつものではないが、それを一挙に導入することが非現実的であるとすれば、より現実的な社会保障の導入によって対処するのが望ましいと考えている。

たとえば、就学や教育訓練受講に対する費用的支援（学費および生活費）の拡大、従来は雇用保険の対象外であった若年求職者に対しても失業手当を給付すること、親元から若者が独立する際の住宅費補助など、若年者を対象とした社会保障の拡充を提案したい。

イギリスではチャイルド・トラスト・ファンドのように、資産の再分配を通じて、人生の初期における若者のさまざまな試みや挑戦のための元手を確保する政策が、実際に導入されている。不安定な状態に置かれ、かつ自前の資源を欠く場合が多い若者を援助するための公的な福祉の重要性が、日本でももっと認識されるべきである。

さらには、行政を通じた「上からの福祉」だけでなく、居場所を見失いがちな若者が精神的な安定や帰属感を得ることができるような、さまざまな場や組織・機関が、草の根的な「下からの運動」として、社会のなかに厚みをもって存在することも重要である。

これらの実質的な諸施策により、若者が〈現実〉面でも〈言説〉面でも社会から排除されることなく、安心感と自尊心を保ちつつ、その潜在的な可能性を多様に発揮していくことができるような社会を構築していくことが望まれる。そして、こうした基本姿勢は、単に若者のみならず、社会に生きるすべての個人について当てはまるものであることは、いうまでもない。

注

(1) 朝日新聞、二〇〇七年六月一八日、朝刊三面「過労　崩れる三〇代」より。
(2) 政府による九七年以前の「フリーター」推計人口は、男性雇用者については継続就業年数を一～五年未満に限定するなど、二〇〇二年以降の定義とはやや相違があるため完全には接続していない。
(3) 二〇〇五年までの数値は『平成一八年版　労働経済白書』、二〇〇六年・二〇〇七年の値は二〇〇八年二月二九日に総務省統計局が公表した労働力調査詳細結果（平成一九年平均）より。
http://www.stat.go.jp/data/roudou/sokuhou/nen/dt/pdf/ndtindex.pdf
(4) 注3の労働力調査詳細結果より。
(5) 注3の労働力調査詳細結果より。
(6) 注3の労働力調査詳細結果より。
(7) 『平成一八年版　労働経済白書』二二一―二二三頁。
(8) http://www.keizai-shimon.go.jp/minutes/2007/0619/item1.pdf

〈コラム〉〈不可視化〉と〈可視化〉

この世に生を享けたからには、自分が生きている世の中は、なかなか悪くないものだと思いたい。でも実際には、すこしまわりを見まわせば、痛ましい出来事ばかりが眼を射る。

高校時代から教師を目指し、念願かなって教壇に立った二三歳の女性が、その二カ月後に「無責任な私をお許しください。すべて私の無能さが原因です。家族のみんなごめんなさい」と書き残し、みずからの命を絶った。保護者との連絡帳には、「子どものけんかで授業がつぶれているが心配」「結婚や子育てをしていないので経験が乏しいのでは」といった苦情が書き込まれていた（「朝日新聞」二〇〇七年一〇月九日、朝刊）。

また、同年一〇月三日には、五九歳の無職男性が八二歳の母親に「仕事がないことをなじられ、激高して」、母親を斧で殺害した（「朝日新聞」二〇〇七年一〇月四日、朝刊、千葉版）。同年五月には、五八歳の無職男性が二四歳の無職次男を刃物で刺して殺害したが、それは日ごろから次男に暴力を受けていた男性が、寝ている次男を見ているうち、「息子をこのように育ててしまった自分は何のために生きてきたのか」という思いにかられたためであったという（「朝日新聞」二〇〇七年一〇月二日、朝刊、石川版）。

むろん、痛ましい事件はこれらに限らない。しかし、いまあげた三つの事件だけを見ても、仕事にまつわる苦しみが、死にいたるほどの自他への攻撃を生み出してしまっていることがわかる。

若い女性教師は、仕事上の要請に自分が応えきれないことを苦しみと感じて、自死を選んだ。自分に仕事がないことへの非難を苦しみと感じて老母を殺害した男性と、仕事に就かず暴力をふるう息子を苦しみと感じて殺害した男性は、いずれも老齢にさしかかっている。性別や年齢にかかわりなく、また仕事があってもなくても苦しいという、あたかも無間地獄のような状態に、日本社会は足を踏み入れているとすら思われる。

こうした方向への変化は、一九九〇年代半ばからすでにはじまっていた。それから一〇年以上を経て、どうも何かがおかしいという人々の実感はつのっている。しかし、何が、なぜ、どのように、おかしくなっているのかについては、なかなかその正体が見えてこない。

正体が見えない、つまり現実が〈不可視化〉されている原因は、現実を覆い隠すようなまやかしの言葉が跋扈《ばっこ》しているからだ。それは小泉純一郎政権下では「構造改革」や「民営化」だった。安倍晋三政権下では「美しい国」や「再チャレンジ」だった。おそらく福田康夫政権も、そのまた次の政権も、その種の新しい言葉をこねあげて撒き散らすだろう。

それらが覆い隠してきたのは、むき出しの冷酷な競争であり、極限までの効率性の追求である。そして、強者が弱者を足蹴《あしげ》にしながら利益をむさぼるような社会や経済の意図的な導入であった。そういう現実が見えてしまった者も、「グローバルな経済競争が激化しているから仕方がない」といわれれば、黙るしかなかった。

他方で、過度に、そして誤ったかたちで、〈可視化〉されてしまっている部分もある。とくに問題なのは、個々人の「有用性」についての過剰な〈可視化〉の圧力だ。有用性があると見なされる個人は、その限界まで有用性を発揮するよう求められる。それが仕事をもつ人間の苦しみにつながる。逆に、どこかの時点で有用性がないと自他によって烙印《らくいん》を押されてしまう個人も多い。それは、まっとうな仕事をもてない人間の苦しみにつながる。

しかし本来、人間とは、どのような可能性をもっているか、自分にも他者からも把握しきれないものだ。言い換えれば、人間とは、まだ何も書き込まれていない余白をつねにもっているものだ。にもかかわらず、現実には、さまざまな評価手段によって、個人のそのときどきの有用性がゆがんだかたちで〈可視化〉され、それが個人の未規定な部分までをも規定し、余白を奪ってしまう。

このような〈不可視化〉と〈可視化〉のねじれた組み合わせが、社会のなかの苦しみの総量を増大させている。そして苦しみは自他への攻撃を生む。

〈不可視化〉されているものを、わかりやすい言葉で〈可視化〉すること。そして〈可視化〉されすぎているものに、〈不可視〉の余白を取り戻すこと。それによって社会に充満する苦しみと自他への攻撃を、すこしでも減らしていくこと。それをこの世の中で生きていく、自分の課題としたい。

〈コラム〉 鍛えられ、練られた言葉を

先日、いわゆる「ネットカフェ難民」についての取材を続けている記者の方が訪ねてこられて、お話しする機会があった。彼女は、「そういう方たちは、日雇い派遣で働いている場合が多く、住むところもなくて、大きな借金を抱えたりして、とても困難な状況に置かれているのに、お話をうかがうと、みなさん『いつか何とかなるでしょう』っておっしゃって、割と平然とされているんですが、これはどう考えればいいんでしょう」と首を傾げていた。それに対して私は、次のように答えた。

いまの日本では、小さなつまずきから、あっという間に絶望的なところに追い込まれてしまうことになりかねない。これまでの日本社会は、公的な福祉を充実させないままに、企業福祉と家族福祉に依存してきた。しかし、一九九〇年代半ば以降、冷戦構造崩壊後のグローバル経済競争の激化とネオリベラリズムの浸透に日本も直面し、企業はむき出しで効率優先の姿勢を強め、企業による雇用と所得の保障に支えられてきた家族もまた、もろい状態にある。

そんななかで、仕事上の挫折や家族の崩壊により、寄る辺のないまま、日々のぎりぎりの生をつむいでいくしかない状態に、いつの間にかおちいってしまった人たちが増えている。

すでに指摘されていることだが、何かの事情により一度日払いで働きはじめると、安定性のある月払いの仕事には移れなくなる。月給が支払われるまでの生活を維持する蓄えがない場合が多いからだ。

ほんとうに厳しい状態に置かれると、人間は、ある種の思考停止や感情麻痺のようになることが多い。自分の状況をよい方向に変えていける現実的な選択肢が見当たらず、泣いてみたり叫んでみたりしてもどうにもならないということを思い知る。そのとき、人は擦り減り、さらされきったような淡々とした表情を浮かべて生きざるをえなくなる。そして、「いつか何とかなるだろう」という、根拠のないうっすらとした望みにすがりでもしなければ、いまの状況を耐えていけなくなる。

そのように何ら将来の展望をもてずに困窮状態にある人たちのあいだにも、薄いスライス状の「格差」がある。住むところがなく、ネットカフェやレストボックスを泊まり歩いている人々も、自分はまだ身なりは整っているとか、福祉の世話にはなっていないというように、自分よりも「下」に見える人たちより自分はまだましだと考えることによって、かろうじてみずからのプライドを保っている。

さらに、もっともおそれるべきことがある。それは、このような事情により、困窮した人々が平然として見えたり、楽観的にすら見えたりすることに対して、他の人間、たとえば取材するマスメディアの人間が、「彼らには危機意識がない」とか「状況を改善しようという真剣な意欲も努力も見せない」といった表層的な理解をし、そのような像を社会に広めてしまうことだ。

彼ら自身がダメな人々なのだ、という理解が世間に広がってしまえば、すべては「自己責任」に帰されてしまう。表層的な理解は、彼らの窮状を放置していいとか、何ら支援など必要ないという認識を、強固なものにしてしまう。

いまの日本では、あきらかな貧窮状態にある人々だけでなく、いかなる者も、それぞれのつらさや不安を抱えている。先にも述べた経済競争の激化や市場至上主義は、多くの人々に非人間的・極限的なまでのエネルギーの投入を強いるし、それに対する報酬は細る一方だからだ。しかも、そのつらさや不安の中身は、個々人によって多様である。

そのとき、人々は自分がつらい理由を、自分以外の誰かか、あるいは自分自身に見いだしがちである。自分以外の誰かが悪いせいでこんなに自分がつらいのだ、という感覚は、さまざまなバッシングを生み出す。その対象は、若者であったり、公務員であったり、教師であったり、親であったり、ときによって揺れ動く。

逆に、自分自身が悪いのだ、という見方を選んだ場合、自分を罰するようなかたちで、労働市場から、社会から、そしてこの世から、みずから退出していく。他者が悪いと見なされる場合も、自分が悪いと見なされる場合も、人々のあいだの関係はざくざくに切り裂かれ、憎悪や対立や孤独が生み出される。自分がつらいとき、他者のつらさに想像をおよぼす余裕は失われるからだ。

そういう素地が社会にあるからこそ、厳しい状態にある人々が示す表面的な平静さの底に、どのような絶望や悲しみがあるかについての理解や共感は成り立ちにくく、むしろ彼らは社会のお荷物のように見なされ、侮蔑や無視がはびこりやすい。

しかし、そういう社会のあり方は不毛すぎる。必要なのは、他者のつらさに思いを馳せ、それが自分のつらさとは違っていても、つながりのあるものと感じることである。そして、自他のつらさをできるかぎり正しく言いあらわし、共有するための言葉をつむいでいくことだ。ぴかぴかした理念でも、単純な決めつけでもないような、鍛えられ、練られた言葉を。

記者の方は、うなずいてくれたが、どこか釈然としないような面持ちで帰っていかれた。

Ⅵ

時流を読む——家族、文学、ナショナリズムをキーワードにして

現代日本の若者のナショナリズムをめぐって

世紀の変わり目のころから、日本の若者の右傾化、とくにナショナリズムの高揚がしばしば指摘されるようになっている。その徴候として言及されるのは、サッカーワールドカップにおける熱狂的な応援や「君が代」の斉唱、日本語ブーム、若者の靖国参拝の増加、マンガ『嫌韓流《けんかんりゅう》』の流行などである。本稿では、こうした日本の若者のナショナリズムをめぐる近年のおもな論考を取りあげ、この現象に対していかなる解釈や分析がくわえられてきたのかを振り返ってみたい。

「ぷちナショナリズム」から「ガチナショナリズムへ」

日本の若者のナショナリズムに関する代表的な議論として、香山リカ『ぷちナショナリズム症候群』（中公新書ラクレ）を欠かすことはできない。本書において香山は、前述のサッカーワールドカップなどにおける若者の振る舞いの「屈託のなさ」に注目し、ためらいなく「日本が好き」と口にする彼らの様子を「ぷちナショナリズム」と名づけている。

精神科医である香山は、このように歴史認識を欠いたたあいもない「愛国ごっこ」としての「ぷちナショナリズム」の背景に、みずからの出自や来歴に関する葛藤としてのエディプス・コンプレックスの欠如、葛藤や困難を回避しようとする心理的メカニズムである「分裂」や「乖離《かいり》」、さらには他者をみずからの「分身」や「鏡像」と見なすことにより自己同一性を確保しようとする心理などがあると指摘している。

また香山は、「ぷちナショナリズム」のおもな担い手が、スマートでクレバーな現実主義を抱きやすい「エリート層」と、それに同調してみせる「中間層」であるとする。他方で「ロー階層」のなかでは、フランスで極右を支持する底辺層などに見られる「自分の国の社会や知識階級に対する不満や批判の表明としての愛国」が、鬱屈したエネルギーとして胎動していると香山は述べる。そして、今後の日本社会で格差が拡大し、「中間層」が地盤沈下して「ロー階層」化していけば、「ぷちナショナリズム」ではないラディカルなナショナリズムが広がっていく危険があることを警告している。

香山の議論の特徴のひとつは、心理学の概念を援用した解釈をおこなっていることである。もうひとつの特徴は、複数のナショナリズムを分類し、その担い手と社会階層との対応について指摘していることである。全体としては、社会科学的な観察が多く盛り込まれている議論のなかで、心理学に依拠した説明の部分はむしろ浮いているという印象を与える。また、それ以外の議論も確実なデータに依拠したものではなく、事例やエピソードに依拠した印象論に終始している。

だが、「国」というものに対する現代日本の若者の意識や行動の一端をとらえ、社会的関心を喚起したという点で、本書が大きな影響力をもったことは確かである。

なお、ナショナリズムの分類と社会階層の対応に関する香山の指摘を裏づける結果が、高校生を対象として実施されたいくつかの意識調査から得られている。

たとえば、大野道夫《おおのみちお》「ナショナリズムの諸相」(『モノグラフ・高校生 Vol.69　高校生からみた「日本」――ナショナルなものへの感覚――』ベネッセ未来教育センター)では、日本も好きだが外国も好きという「相互性志向」の「ソフトな」ナショナリズムは、学校生活に適応的で社会経験も豊富な、エリート的な層の高校生に多く観察されるということが指摘されている。

また、金明秀《キムミョンス》「高校生の抱くナショナリズム」(尾嶋史章編『現代高校生の計量社会学』ミネルヴァ書房)でも、学力水準の低い高校群の生徒のなかで「排外主義的ナショナリズム」を支持する比率が高く、学力水準の高い普通高校では「異文化許容的ナショナリズム」の比率が高いという分析結果が示されている。ただし、金の分析によれば、学力水準の高い専門高校においては「民主的な反国家主義」を支持する比率が高くなっており、この点は日本の若者のなかにナショナリズムに対するもうひとつの心性が存在することを示唆していて興味深い。

香山の「ぷちナショナリズム」論に対しては、批判的な見方もある。浅羽通明《あさばみちあき》は『ナショナリズム』(ちくま新書)で、香山が若者の右傾化傾向の徴候として取りあげるさまざまな事例は「むしろナショナリズムの風化の証」であり、それを危惧するのは「枯れ尾花に怯え、狼が来るぞと叫んでいる印象」だと批判している。

この浅羽の批判に対し、香山はさらに『〈私〉の愛国心』(ちくま新書)で、「私は、別に事態をことさら大げさにとらえて悲観的に憂えているつもりはないのだが、どう考えても、現実の事態はもっと差し迫っているように見えてならない」と反論している。

同書において香山は、若者のナショナリズムの基盤になっているのは個人（＝〈私〉）の不安感や不全感であり、それがマスメディアや人々の自主規制的な体制翼賛言説によって増幅されていると指摘している。個々の〈私〉が、不安や葛藤に正面から向き合わず、それから目をそむけようとすることが、一足飛びに「国」への支持へと結びついてしまうという香山の議論は、一定の説得力をそなえている。

香山が危惧するように、「ぷちナショナリズム」が「ガチナショナリズム」（ガチは「本気」の意）へと変質しつつある徴候については、二〇〇四年八月三〇日発行の雑誌「ＡＥＲＡ」掲載記事「20代の『ガチ』ナショナリズム」でも指摘されている。この記事には、小泉首相（当時）の靖国参拝や憲法改正、そして自衛隊のイラク派遣といった政策に賛成する比率が、二〇代・三〇代において高いという、二〇〇四年四月の朝日新聞世論調査結果が掲載されている。

ロマン、不安、そして遊び

その後、こうした香山のナショナリズム論を踏まえつつ、より長い歴史的なスパンや全体社会の状況のなかに現代の若者のナショナリズムを位置づけ直そうとする議論が、複数の論者によって展開されている。その代表的なもののひとつが、北田暁大の『嗤う日本の「ナショナリズム」』（日本放送出版協会）であり、もうひとつは高原基彰の『不安型ナショナリズム」の時代』（洋泉社新書y）である。

北田の著作は、一九九〇〜二〇〇〇年代の日本の若者に見られる「ナショナリズム」を支える心性を、戦後日本の各時期における「反省」形態の連鎖的変化という観点から論じたものである。北田は、香山が指摘するような「この私」のアイデンティティ不安を短絡的に「国」へと投影する現代の若者の意識を「実存主義的ロマン主義」と呼び、その起源を、より前の各時期における「世界と自己との関係の問い直し」、すなわち「反省」の形態にさかのぼることによって探っている。

北田によれば、六〇〜七〇年代前半の日本は、学生運動の激化にあらわれているような政治的反省の時代であり、七二年の連合赤軍による「あさま山荘事件」は、そうした反省の極限化として位置づけられる。そして、このような「自己批判」としての反省の限界が人々に強く実感されたことにより、それに続く時期である七〇年代半ば〜八〇年代初頭においては、六〇年代的な反省のあり方への「抵抗としての無反省」が台頭し、それは消費社会的アイロニズム（パロディ化）というかたちをとってあらわれる。

しかし、八〇年代には、すでに六〇年代的なるものは忘れられ、「抵抗としての」という部分をも欠落させた消費社会的シニシズムが、自己目的的に制度化された形態で普及する。そして、九〇〜二〇〇〇年代とは、八〇年代的な無反省へのさらなる反省としてシニシズムが反転し、他者とつながることのできるロマン主義的な「感動」が希求される時代であると北田は述べる。

つまり、現在のナショナリズムも、そうしたロマン的な対象として呼び出されたものである。だが、重要なのは、ロマン的な対象だけでなく、形式主義化されたシニシズムもまた現在まで存続していることであり、その点でナショナリズムも単に選択肢のひとつとして選ばれた「ネタ」にすぎない。

このような意味で、現代の若者のナショナリズムを「大したものではない」とする浅羽に、北田は一定の支持を表明している。同時に、思想ではなくロマンを志向する草の根的な心情に支えられたナショナリズムであるからこそ危険であるとする香山リカの認識についても、杞憂《きゆう》とはいえないとしている。

このような北田の分析は、日本という社会のなかで、自己運動的に前段階の遺産を引きずりながら変化していく社会意識を描き出している。そして、現代日本の若者にとってナショナリズムがいかなる意味をもつのかという点について、多面的な理解を可能にするものである。

しかし、北田の分析では、香山が指摘していたような社会階層的な視点がすっぽりぬけ落ちている。その結果、北田が描いているようなロマン主義とシニシズムの混交が、日本の若者のなかにどれほど広範囲に観察されるものか、あるいは、いかなる特徴をもつ社会集団がその担い手になっているのかについて、明示されないままである。

この点は、北田の議論が、特定の論者の発言や「2ちゃんねる」への書き込みなど、特定の事例やエピソードをつづり合わせて解釈をくわえるという手法をとっていることと、密接に関連している。

他方の高原は、香山や北田の議論を踏まえたうえで、そこにマクロな経済変動や雇用の変化という観点をくわえた分析を展開している。高原は、一国内のナショナリズムの多元性を強調する。とくに、国家の発展や国民の統一感の醸成のために要請される「高度成長型」のナショナリズムと、社会流動化のなかで不安定な状態に置かれた層が抱く「個別不安型」のナショナリズムとを区別している。

すなわち、官僚制から個人化へ、「総中流」から格差化へ、大量生産から高度消費社会化への変化という社会流動化が進行するなかで、とくに若者層は自分の生活基盤や将来展望の点できわめて不安を感じざるをえなくなっている。そうした若者の不安・不満が、国内ではなく韓国や中国などへの嫌悪となってあらわれているのが、「個別不安型」ナショナリズムだと高原は述べる。

このような心性は、インターネット上で他国を劇画化するというかたちをとってしばしばあらわれるが、それを高原は「趣味化されたナショナリズム」と呼んでいる。そして高原は、上述のようなふたつの異なる種類のナショナリズムが、奇妙な同調を見せていることに日本の特徴があるという。

日本的な「会社主義」を基盤とする「高度成長型」ナショナリズムは、「会社」内部における年長世代の安定性を維持する代償として、「会社」の外側に不安定な若者層を生み出してきた。よって、その被害者層が抱く「個別不安型」ナショナリズムとは、本来なら対立するものであるはずだ。しかし、このような両者の関係性が当事者にとっても明確に認識・区別されず、結果的に「個別不安型」ナショナリズムは「高度成長型」ナショナリズムに都合よく回収されてしまっていると、高原は批判的に指摘している。

高原の議論は、若者内部における個人的な不安や不満がナショナリズムのかたちで顕在化していることや、流動化や格差の拡大がそれを助長していることなどの認識については、香山が『ぷちナショナリズム症候群』で示した見方を色濃く引き継いでいる。また、歴史的背景に現代の状況の起源を求めている点では、北田との共通性がある。

とはいえ、高原自身は、香山の心理学的説明を、「問題の起源をその個人に還元する姿勢」であると批判し、社会構造的な背景や世代間の潜在的な利害対立という視点を、より前面に打ち出している。「高度成長型」ナショナリズムという類型を提示している点でも、香山や北田の見方とは一線を画している。

新旧二種類のナショナリズムの存在と、それらが異質でありながらも合流する側面をもつという指摘は、「新しい歴史教科書をつくる会」支部の実地調査をおこなった小熊英二《おぐまえいじ》・上《うえ》野《の》陽子《ようこ》の『〈癒し〉のナショナリズム』（慶應義塾大学出版会）で指摘された知見とも符合している。

ただし、高原の議論では、香山や北田と同様に、日本の若者のナショナリズムの実態としては、嫌韓・嫌中やインターネット上の言説など、一般的に言及される象徴的な現象が言及されるにすぎず、実態分析というよりも背景の説明に力点が置かれている。

検証すべきは政治家やマスメディア

以上、現代日本の若者のナショナリズムに関するおもな議論として、香山リカと北田暁大、そして高原基彰らの著作を紹介してきた。この三者はそれぞれ、心理学や、社会意識の継時的変化、そして社会構造のマクロな変動を説明図式としてもちいながら、若者のナショナリズムが、第一に個人的な不安と結びついたものであること、第二に屈託のなさやロマン・感動への志向、第三に趣味や遊びの要素といったある種の「軽さ」を特徴とするものであることを、共通に指摘している。

しかし、これらの若者ナショナリズム論に共通するもうひとつの特徴は、それらが現代日本の若者全体のなかでのナショナリズムの水準や類型の布置《ふち》を実証的にあきらかにするという作業には重点を置かず、突出したピンポイント的な事柄や事件などを論拠として、それぞれの解釈や説明を組み立てているということである。これらは特徴というよりも、限界といわざるをえない。

この点に関して鈴木謙介《すずきけんすけ》は、社会調査データに基づいて興味深い指摘をおこなっている（『SENKI』一一三八号のインタビュー記事）。鈴木によれば、愛国心の有無に関する複数の調査結果では、若年層よりも年齢が高くなるほど国を愛する気持ちが強くなっている。また、大学生を対象とした調査の結果では、マンガ『嫌韓流』を読んだ者は六%、「2ちゃんねる」をひんぱんに見ている者は約一割にすぎない。

これらのデータを踏まえて鈴木は、若者の「愛国心」についていえることとして、「一つは層としてのボリュームが少ないこと。二点目は、そのボリュームの少ない層を見ても、若者特有の大人社会に対する単なるアンチとしての表出であること。三点目は、ボリュームが大きい全体のゾーンを見ると、愛国心というよりはむしろ郷土愛的なものに近いということです」と述べ、若者の意識よりもマスメディアの煽動主義のほうが、はるかに危険であると警告を発している。

実際に、二〇〇六年一二月に実施された朝日新聞の世論調査（「朝日新聞」二〇〇七年一月二五日朝刊）でも、「愛国心」が「大いにある」と答えた比率は年齢が高いほど高く、二〇代では一割未満である。「日本人は愛国心をもっと持つべきだ」、「愛国心は学校で教えるべきだ」という意見に賛同する比率も、総じて年齢が低いほどすくなく、前者は調査対象者全体では六三%であるのに対して、二〇代では四六%、後者は全体では五〇%であるのに対して、二〇代では三四%である。これらの結果は、日本のナショナリズムを問題にするのであれば、若者よりもむしろ年長世代の動向を注視すべきであることを物語っている。

ただし、電通総研が二〇〇五年に実施した「世界価値観調査二〇〇五」では、「日本人であることに誇りを感じる」と答える者の比率は、三〇代までは年齢層が低いほどすくないが、二九歳以下でふたたびやや多くなっており、朝日新聞の調査とは異なる結果となっている。

ちなみに、同調査の「日本人であることに誇りを感じる」と答える者が調査対象者全体のなかで占める比率の推移を見ると、一九九〇年が六二%、九五年が六〇%、二〇〇〇年が五四%、二〇〇五年が五七%と、際立った増加傾向は見られない(http://www2.ttcn.ne.jp/~honkawa/9466.html)。また、この調査項目の二〇〇〇年の比率を、世界六〇カ国と比較した結果によれば、日本よりも比率がすくない国は三カ国のみであり、日本は最下位に近い水準である(http://www2.ttcn.ne.jp/~honkawa/9465.html)。

一方、真鍋一史《まなべかずふみ》が九五年に、二三カ国間で「国」に対する愛着心を比較調査した結果によれば(「ナショナル・アイデンティティの構造」『関西学院大学社会学部紀要』第八二号)、日本では「国」への愛着心をもつ者が九五%で、二三カ国中第二位と高い順位になっている。

このように、調査項目のワーディング(言葉の使い方)や調査時期によって、日本人のナショナリズムは異なる様相をあらわしている。だが、日本のなかで、とくに若者のナショナリズムが強まっているという傾向は、すくなくともこれらのデータからは明確には観察されない。もちろん、この種の質問紙調査は、社会現象や人々の意識のごく表層を把握しうるにすぎない。実態を把握するためには、質的なデータと量的なデータの双方の利点を生かした丹念な検討が必要である。

いずれにせよ、あらためて問うべきは、本当に若者のナショナリズムを検討することが重要な問題なのか、ということである。むしろ、政治家やマスメディアのなかで、国民のあいだにナショナリズムを鼓舞《こぶ》し、それを利用しようとする動きが、よりあからさまに観察されることのほうが、問題視されるべきなのではないか。

かりに、今後の若者の動向に、何らかの変化が見られるとしても、それは政治家やマスメディアによる意図的な操作や誘導が、かなり反映されたものと見なされるべきであろう。ナショナリズムの危険な暴走を抑制し、コントロールするためには、若者の内部に不安や不満を生み出す根源的要因を可能な限り取り除くとともに、大きな社会的影響力をもつ政策やメディアに対する不断の批判的検討が必要とされる。

「ハイパー〝プロ文〟時代」がやって来た⁉　〈鼎談〉ECD・楜沢健・本田由紀

分断された人々の「出会い」

楜沢　今回の鼎談のテキストとして、一九一〇年代後半から昭和の初期にかけて「プロレタリア文学」として位置づけられた作品のなかから、いくつかをセレクトしてみました。小林多喜二《こばやしたきじ》の『壁にはられた写真』、中野重治《なかのしげはる》『交番前』、宮地嘉六《みやちかろく》『放浪者富蔵』、葉山《はやま》嘉樹《よしき》『淫売婦』『セメント樽の中の手紙』、佐多稲子《さたいねこ》『キャラメル工場から』『私の東京地図』[1]など、それぞれ私なりに意味のある共通項をもった作品ではないかと考えているのですが、まずはみなさんのお読みになった感想からお聞きしたいと思います。

ECD　楜沢《くるみさわ》さんがあげてくださった作品のなかでは、宮地嘉六の[2]『放浪者富蔵』[3]と、葉山嘉樹の『淫売婦』『セメント樽の中の手紙』が、僕はかなり好きですね。『放浪者富蔵』は、ある青年が東京から東海道をくだり三年ぶりに九州の故郷に向かう旅の様子を描いていますね。途中、どこか田舎の鉄工所でちょっと使ってもらおうとまごまごしている様子とか、すごくリアルに描かれていておもしろいと思いました。

なかでも、僕がいいなと思ったのは、富蔵が法界屋《ほうかいや》の二人連れと一緒になって、つかのまの交流をする場面。プロレタリア文学には、労働者の悲惨を描いているだけという作品が目立つようですが、この作品はそんな悲惨な状況下でも、貧しいからこそ出会える人々がいるということを描いているので、僕はすごく共感を覚えました。

そういう意味で、葉山嘉樹の『淫売婦』も、悲惨な境遇のどん底にあるような女性が、かならずしも自分を卑下《ひげ》していない。悲惨ななかでもかろうじて光明が見える描き方をしているところがいいなと。『セメント樽の中の手紙』にしてもそうです。貧乏ななかにも日々の生活の喜びのようなものが描かれている。

僕は、最近の格差問題で、あまりにも貧乏はよくないといわれすぎている気がしているんです。労働者の悲惨とか疎外はもちろん現実にあるんですが、じつは僕自身は、貧乏のなかにこそ幸福というのはあると思っている。いまはお金がないと自殺してしまうしか方法がないという、そこのほうが問題であって、昔はもっと貧乏人でも普通に暮らしていけたと思う。『放浪者富蔵』などは、そのへんのところを考えるいい契機になったと思います。

本田　私も『放浪者富蔵』はおもしろく読みました。ＥＣＤさんがおっしゃったように、貧しいからこそ出会えるものがあるという部分には同感しますね。そこにもうひとつ追加するとすれば、富蔵は踊りができるということがおもしろかった。その踊りが接点になって、出会った人々としばらく一緒にいるわけです。

このエピソードは、貧困のなかでも、文化的な豊穣さやそれを介した関係性が成立しうるということを意味していると思うんです。それが殺伐としたなかの余裕のようなものをこの小説に与えているんですね。

栩沢　おふたりがご指摘されたように、『放浪者富蔵』も『淫売婦』も、まさに出会いというものが小説の核になっていると私も思います。『放浪者富蔵』をセレクトしたのは、これだけ歩く小説というのも珍しいということもあった。軍港や工廠《こうしょう》の職工だった富蔵が、すべてがいやになり突如出奔《しゅつぽん》して、野宿しながら歩き、人と出会っていく。こういう出会いは、これが鉄道だったらありえないわけです。

しかもおもしろいことに、富蔵の予想に反して、街道には人が大勢歩いている。歩くことで、生の多様性であるとか、人との出会いであるとか、いたわりや助け合い、同情といった、それまで富蔵がいやでいやでしょうがなかった職工の世界ではめぐり会えなかった価値や世界を発見していく。そのような世界が、排他的で理不尽な労働の世界をぐるりと包囲するように浮かびあがってくるんですね。世界の広さに主人公が出会っていく過程が、感動的だと思います。

葉山嘉樹[4]の『淫売婦』[5]には、もっと不可思議な出会いが描かれていますね。欧州航路を終えて船を下りたばかりの船員が、波止場でならず者風の〝ポン引き〟に声をかけられ、ついていく。すると、カビ臭い部屋の暗がりに腐臭を放つ全裸の若い女の死体が転がっている。ポン引きに「二分」で「おまえの好きなようにしたがいいや」といわれる。ところが、死体だと思った女は瀕死《ひんし》の病人でわずかに息をしている。

男たちが女を食い物にしているのかと思いきや、どうもそうではないらしい。女を救い出そうとするが拒絶され「お前さんも、もうすこし年をとると分って来るんだよ」などと諭されてしまう。
　これまで出会ったことも想像したこともないような人間同士のきずな、助け合いや友情、共闘や連帯感情のようなものに船員は直面し、打ちのめされる。話の舞台は現在の横浜中華街なんですが、この出会いの不可思議さは、国際都市横浜の奥深さと無関係ではないと思います。

本田　『セメント樽の中の手紙』(6)も、出会いの物語ですよね。

楜沢　まさにそうだと思います。『淫売婦』もそうですが、出会いがきわめて演出的なんです。両方とも、出会いを演出し、偶然の出会いをひたすらじっと待っているようなところがある。
『セメント樽の中の手紙』における「文通」がそうですね。宛先がない、郵便でもない手紙が誰に届くかはわからない。届かないかもしれないし、届いたとしても返事を書いてくれないかもしれない、返事を書いてくれたとしても不幸な境遇や理不尽や悲しみを理解してくれないかもしれない。でも、すくなくとも届いたら何かが起きるだろう。もしかしたら理解してくれるかもしれない、社会の片隅でじっと耐えている自分の存在に目を向けてくれるかもしれない。それはわからないけれども、耐えがたいのは、いつまでもこのままでありつづける現実を受け入れて、じっとおとなしくしていることなんですよ。だから、偶然に賭けて、何かいたずらを仕掛けないではいられない。

プロレタリア文学のなかでも、葉山嘉樹はとくに「偶然の出会い」に注目した作家です。ここでも出会いを通じて分断されたばらばらな労働者のありようを浮かびあがらせている。船員と女工と飯場労働者と淫売婦たち、それぞれの異なる分散された現実は、しかしどこかで出会わないわけにはいかない。そうした出会いの可能性と想像力のうえに、プロレタリアとか集団とか連帯は築かれる。葉山嘉樹はそういう描き方をしているんですね。

ECD　『放浪者富蔵』についていえば、富蔵は自分を「怠惰者」だといっている。風来坊《ふうらいぼう》で労働をすこししかしないから出会えるということもあると思うんですよ。労働する現場からはなれて旅をはじめて、そのなかで出会う。僕はそのへんが興味深いと思いました。たぶん、労働運動とはそういうものだと思う。仕事をサボって仲間と出会う（笑）。

楜沢　そうですね。ただ『放浪者富蔵』の場合は、葉山嘉樹にくらべて、出会い方が意識的でなく、わりとさらりと受け流しているところがある。葉山嘉樹のほうが、偶然の出会いを突き詰めようとしている感じがあります。富蔵のような旅をしていれば、それこそ野宿者やホームレスといわれている人たちとのもっと濃い出会い方がありえたと思うのに、そのへんがさらりと取り除かれている。そこがある意味、現代に通じる部分だと思います。葉山嘉樹なら、もっと濃い結びつき方を描いたんじゃないでしょうか。

本田　幻想的な味わいをもつひとつの出会いを掘り下げて、寓話というか、非常に象徴性の高いものとして結晶化させているところが葉山嘉樹の作品にはあって、それがプロパガンダ的なものではない芸術性につながっている気がします。そこが現代に通じる魅力ですね。

『放浪者富蔵』は、そういう寓話性がなく、だらだらした感じで書かれているぶん、違う意味での現代性がある。さっきＥＣＤさんがおっしゃった「怠惰者」という言い方、確かにおもしろいですよね。しっかりした主義主張があるわけでもなく、それこそおどりを踊りながらふらふら旅している姿が、魅力的です。

ただ、当時と現代の現実をくらべて考えると、分断されているものが偶然出会う、その背景というか社会的文脈が大きく異なっている。富蔵的な受け流し方であれ、あるいは葉山嘉樹的なこりっと固まった結晶のようなものが残る描き方であれ、当時の労働者の出会いが生まれていた状況というのは、やはりもっと組織なり、運動なり、イデオロギーが、潜在的にせよ共通前提として存在するなかでの話だったと思うんですよ……。

楜沢　確かにそのとおりだと思います。

本田　プロレタリア文学のころとくらべて、現代のほうがきわめて弱体化しているもの、それは、共産主義的、社会主義的な組織やイデオロギーでしょうね。その意味でいうと、宮地嘉六や葉山嘉樹というのは、当時のいわゆるプロレタリア文学のなかでは、やや異端ではないですか？　たぶん現代人である私たちが、なんとなくおもしろみを感じにくい中野重治や小林多喜二、佐多稲子らのほうが、いわゆる典型的なプロレタリア文学ですよね。

楜沢　そういうことになります。今回のテキストの作品は全部「偶然の出会い」というコンセプトをもとにセレクトしてみたんですが、典型的なプロレタリア文学もまたそのことを無視しているわけではないんです。

中野重治の[7]『交番前』[8]も、交番前の停留所で起きた巡査と道路工夫とのもめ事を描いた短編なんですが、そのいざこざをきっかけに群衆が集まってくる。人が集まる、集団ができるというのは、意図的、組織的に集められる場合と、偶然に集まる場合の、ふたつがある。当時、共産党の中心にいた中野重治のような作家でさえも、集団を描くときに着目したのは「偶然」だった。「偶然」によって、人が集まってくるような場面です。

プロレタリア文学のひとつの大きなテーマは、集団というものを描く。そして集団で考え、集団で読み、集団で書くというテーマが出てくる。そこには近代文学のあり方に対する批判的な意味も込められていると思うんです。

しかし、かなり共産党よりの作品になると、偶然集まるというよりも、もっと意図的に集めて、ある意味手足のように、機械のように動かすような組織論や集団のイメージが色濃く出てくる。今回はできるだけそうではない出会いをテーマにした作品を選んだつもりです。中野重治というと転向小説ばかり議論される傾向があるんですが、やはり運動のまっただ中で何をしようとしたのかをきちんと見ないといけないと思うんです。

本田 佐多稲子の[9]『キャラメル工場から』[10]を選ばれたのは、ここにも偶然の出会いがからんでくるからですか。

栩沢 これはやや深読みが入るんですが、プロレタリア文学には女性作家が多く出ています。それまでは、これだけ女性作家がまとまって出てくる文学運動というのはなかった。プロレタリア文学の中心にいた男性の作家たちは東大を出ていたり、いわば学歴のある人たちが多いんですが、女性作家にはほとんど学歴がない。小学校を出ていない作家も多い。佐多稲子もそうですね。

そういう女性たちが自分の言葉を獲得して表現する。そこには、かならず助け合いが必要なんですね。自分だけで創るというよりは、みんなで創る、共同制作のような側面がある。この『キャラメル工場から』という作品は、佐多稲子が中野重治をはじめ『驢馬《ろば》』(11)の同人たちとの出会いによって、はじめて生み出せたもので、そして『私の東京地図』(12)という、まさに小さな出会いが奇跡のように積み重なっていく感動的な自伝小説を生み出す原動力となっていく。そんな過程も含めてセレクトさせてもらったんです。

『キャラメル工場から』に描かれているように、自分がつねに査定され、値踏みされるというあり方を、屈辱だと感じ、それに言葉を与えていく作業は、おそらく同人誌『驢馬』の人たちとの出会いによって、はじめて獲得できたことだと思います。

可能性としての「集団」

本田　プロレタリア文学のひとつの大きなテーマが「集団」であるということで思い出したんですが、ＥＣＤさんが著書『ＥＣＤＩＡＲＹ』(13)のなかで、すごくおもしろいことを書かれていましたね。「僕たちは個を尊重するあまり、集団というものを、個人を抑圧するものとしか考えられなくなって久しい。しかし、僕たちを管理しようとする者たちにとってそれは都合のよいことなのだ」と。

こうした思いは、ECDさんがイラク戦争に反対するサウンドデモ(14)などをするうちにどんどん強くなっていくわけですね。そして、求めるべき集団のあり方をこう表現されている。「自由を制限したり、従属を押しつけるような、集団は最も憎むところであるのは変わらない。帰属意識など最も軽蔑する感情だ。そうではない、積極的に求め、肯定するべき集団のあり方こそ今、模索しなければならないのだ」と。読んでいて爽快な感じがしました。

ECD　目的はなくてもいいんです。とにかく人が集まるということは楽しいということです。知り合いのライブに集まるとか、クラブのイベント、何でもいい。誰かに集められるというのではなく、偶然でもなく、自分たちで集まる。これは実際やってみるとすごく楽しいことなんです。

この楽しさは、仕事や労働の現場ではまずありえない。労働とは別のところで、音楽を通じて、それがないと生きていけないくらいの楽しみをもった人々が集まる。僕の身近にいる連中はみんなそういう集団を求めているし、そういう場をつくろうとしています。

栩沢　ところがそういう楽しみの場であっても、たとえばサウンドデモなどは、非常に厳しい見方をされるわけですね。

ECD　ええ。だから、そこにいる本人さえ何で集まったのかもわからないくらい、不透明な集団がいい。何か特定の理由で集まっているとわかると、すぐ攻撃されますから。

本田　不透明。おもしろいですね。いま、集団という言葉を使っていますが、組織とか党ではなくて、新しいかたちでの場の共有というか、かつての一九二〇年代のプロレタリアのころにはとてもむずかしかったかもしれないゆるいつながりというものが、現代においてはすこし可能性が出てきているのかもしれませんね。偶然であったり、不透明であったりする出会いが、弾力性と厚みのあるものとして続いていくのは、もしかすると現代のほうかもしれない。

ECD　現代なら、富蔵さんも偶然出会った人たちとケータイのメールで連絡をとりあったりして、もっと楽しめるのかも。

本田　ECDさんのサウンドデモも、単なるデモじゃない。シュプレヒコールを叫んで、主義主張を押し出して集まるだけでなく、音楽とかダンスとか、何か楽しいことを共有しながらやる。

　最近、路上で鍋をやることが運動だという一派もあるそうですけれど、そういうユーモアを含んだ行為によって、主義主張みたいなものを自分たちのなかでも、他者に対しても、あるいは権力者に対しても攪乱《かくらん》していく。そういうやり方がおもしろいと思うんですね。

ECD　楽しそうにしていることが、いちばん不透明なんですよ。楽しめない人たちからすれば。

栩沢　楽しんでいること自体がおもしろくない。

ECD　サウンドデモは五年前に関わったんですが、昨年の統一選挙期間中に、運動と称すればかなりの騒音を出しても許されるということで、一週間高円寺の駅前で、サウンドデモに近いようなことがあったんです（杉並区議候補・松本哉さんの選挙演説にECD氏が飛び入りでおこなったゲリラライブ）。そこに集まってくる人には、知り合いもたくさんいましたけど、やはり音楽が鳴っている、みんなが踊っていると、普通のおじいさんとか、買い物帰りのご夫婦とか、吸い込まれるように入ってくる。

本田　そうなんですか。通りすがりの人たちが参加してくるんですか。

ＥＣＤ　そうです。四年前のサウンドデモのときもそうだったんですが、当局から一番いやがられたのは、通行人が勝手に参加して入ってくること。それを真っ先に排除しようとしましたね。二回目以降、隊列と歩道のあいだにびっしり機動隊が張りついて、観客と僕らが混じらないように分断されました。

プロレタリア文学の限界と可能性

栩沢　中野重治の『交番前』も同じ図式になっていますね。もめている巡査と道路工夫。そこにお祭り的に野次馬がどんどん集まってくる。それを巡査たちが蹴散らそうとする。

ＥＣＤ　作者は、警官はあくまでも敵だという視点で見ていますよね。それはいいとして、希望的に大衆もそうであるべきだという書き方をしているように読めませんか。

栩沢　まさにそうです。人が集まるところに注目するという点では、この小説はおもしろいんですが、中野重治や小林多喜二など共産党中心の作家の小説の書き方には、「そうあるべきだ」という方向性がかならず出てきてしまう。

　葉山嘉樹の作品では、人との出会いによって、はじめてそこで言葉が生まれてくる。自分で獲得していくんです。あるいは自分のなかで言葉が動き出す瞬間に出会っていく。おそらく、それが集団のはじまりだと思うんです。

　ところが、中野重治や小林多喜二は、人が集まって言葉が出てくるまで待てない。ずっと描写を続けていけば、一人ひとりのなかで言葉が動き出して、それが予測不可能にぶつかり合うところまでいくはずなんですが。そこまで待てずに上から言葉を与えてしまう。

ECD　僕が不満だったのは、巡査の言葉と道路工夫の言葉しか出てこないことです。実際には、彼らの周りに集まっている人間が何を話しているか、聞こえてくるはずですよね。高円寺の駅前でも、「ああ、ゲリラライブか」とか「あんな奴のポスター、はがしちまおうぜ」とか、いろんな声が聞こえてきましたよ。

楜沢　交番前で大衆の声が拾えたら、おそらく楽しい感じがもっと出てくるはずだと思う。「やっちまえ」「はがしちまえ」的なかたちで、それこそ意味不明な言葉、あるいは音楽に近い騒音であるとか、言葉自体がざわざわと騒音になっていくような感じ。そういうものが、たぶんもうすこしねばれば書けたのに、上から言葉を与えることで話をまとめあげてしまっている。そこがプロレタリア文学の可能性と限界だったのかなと思います。

　ただ、ではこんなふうに集団や人の集まる描写をほかの日本の近代文学が描いているかというと、やっぱりないわけで、そこは評価しなければいけないと私は思うんです。

ECD　小林多喜二[15]の『壁にはられた写真』[16]も、僕にはちょっとものたりないところがあったんです。バスの車掌が集まる食堂の壁にはられた新聞の切り抜きらしき写真に、どんどん落書きがされ、どうやら写真は労働運動のリーダーらしいということがわかり、ヒーロー視されていく。こういう世界が本当にあったんでしょうか。

椹沢　この『壁にはられた写真』は、はっきりいって小説としてはおもしろくない。しかし、あえてセレクトしてみたのは、落書きというかたちで、言葉をもたない人がはじめてものを書いてみたりする。そういう体験に小林多喜二が注目しているということなんです。表現をもたない人間が、落書きでも、いたずら書きでも、はじめて何かを書いてみる、言葉をもつ瞬間をうまくとらえている。読むだけでなく、自分の言葉をもつことが運動には欠かせないのだということを、多喜二は伝えたかったんじゃないかと。

ECD　それは、まちがいなくありますね。

椹沢　上からの言葉ではなく、表現をもたない人間が、たとえ落書きであっても下から言葉を獲得していくかたちで運動が出てくるという視点。この短編は、その視点だけは確保していると思います。

ECD　わかります。でも、僕が一番描いてほしいのは、写真をはるときの気持ち、落書きをするときの気持ちなんです。それはほとんど犯罪と同じで、ものすごく高揚もするし、心臓がバクバクいうような行為だと思うんです。落書き自体は、僕も昔はちょこちょこしたことがあるんですが[17]、万引きと同じで、すごくアドレナリンが放出される行為なんですね（笑）。

そういうところが一切書けてないのは何だろうという気がしました。

楜沢　たぶんこの小説は、写真だけ壁にはりつけて、誰の写真かは書かないところにいたずら心があるんですよ。ちょっと笑いをとるというか、みんなを引きつけるためになぞかけのようなことをやっている。これが最初から共産党のリーダーの顔だとわかるものだったら、即はがされてしまう。詳細をふせて誰かわからない人物の顔写真にすることで、「何だ？」と、まず人を集めることができる。より多くの人をこの場所に集めて、落書きを通してリレーすることで時間を稼ぐ。長い時間をかければ、また多くの人間が集まることで、問題をふくらませることができる。

本田　ただ、やっぱり写真の人物を賛美する方向に物語が流れていく。そこがどうも……。

楜沢　そこですよね。結局、すぐに上から言葉を与えたり、操作をしてしまう。この小説は全部落書きで書いてしまえばいいんです。上から言葉を与えることをせずに、がまんすることが必要なんですよ。それができれば、小林多喜二はもっとおもしろいものが書けたと思う。上から言葉を与えることで、逆に民衆の言葉を奪ってしまったところがある。そこが残念でなりません。

　小説をひとりで読むのが近代文学なんですが、もともとプロレタリア文学には、「壁小説」というのがあって、壁にはられた小説をみんなで読んで、みんなで考えるという手法があった。壁に書いて何がややこしいかというと、当時は字が読める人と読めない人がいたわけです。僕が壁小説に意義があると思うのは、読めない人に読める人が読んであげるということ。

こういう支え合いのなかで、ものを読んだり、書いたりすることがありえていいんだ。それが文学運動じゃないかという、問題提起もひとつあるんです。

本田　現代で落書き的なものというと、すぐ連想するのはインターネットだったり、2ちゃんねるだったりします。それらに可能性がないとはいいませんが、なかなか評価がむずかしいですね。負の部分もいっぱいはらんでいる。現代における、壁小説と同形なものを楜沢さんはどう考えてますか。

楜沢　壁小説は場の芸術なので、はる場所、書く場所によって、内容も見る人も違ってくるわけです。インターネットはひとりで見ているわけですが、壁小説はみんなで読む。教えたり、教えられたりと支え合って読むなかで自分の言葉を獲得して、書いていく側になる。そういう場が現代のどこにつながっているのか、それは非常にむずかしいですね。

一九二〇年代とは異質の現代の疎外

本田　プロレタリア文学には、当時の労働者の悲惨さや疎外感を描いたものが多いけれど、では現代はどうなのか。問題は、単なる貧乏ではないと思うんです。最近、生活困窮フリーターとか若年ホームレスという言い方がされるんですが、いまの若者のなかには、お金の面だけでなくいくえにも排除されている人が出てきているという見方があります。

たとえば、家族からも企業福祉からも社会福祉からも、さらには人間としての承認からも排除されているような状態。そんな悲惨な状態が、もしかすると昔よりも、より苛烈に起こりうる時代になっているんじゃないかと思うんです。

ホームレス支援を熱心にやっている湯浅誠さんという方が、私が編者をつとめた『若者の労働と生活世界』という本に書いてくださった文章のなかで、「溜《た》め」という表現をされています。「溜め」とは、自分を守るさまざまなバリアのようなものですね。自分のなかにまったく「溜め」をもたずに、むき出しに日々を生きるしかないような若年ホームレスが増えているというのです。

確かに昔のほうが、お金とか、衣食住の水準とかいう点では、いまよりも苦しかったかもしれない。でも『セメント樽の中の手紙』に出てくる貧乏人の子だくさんでも、家族がいて、それなりに地域の人々とのつながりがあったりして、自尊心まで奪われているような描かれ方はしていない。現代のような、「自分はだめだ、到底この仕事場ではやっていけない、自分には生きている価値がない」という自己排除は、プロレタリアの作品にはあまりないですよね。

現代において、労働市場からの自己排除は無業者になることですし、社会からの自己排除は家のなかに閉じこもってしまうことであり、またこの世からの自己排除というのが自殺だと思うんですね。それがいま、すごくたくさん起きている。それは体制を維持する側からすれば、非常に効率がいいんですね、自分で出ていってくれますから。

抵抗しない、暴れない、文句をいわない。「すいません、自分は価値がないんですね」というかたちでみずから出ていってくれる。そういうことが、いまシステムとして非常に効率化されている気がするんです。昔はそこまで効率的ではなかったんじゃないか。こだわりますけど（笑）、貧乏のなかでも子どもをたくさんつくっちゃったりして。それが、ひとつの「溜め」だったと思うんですよ、自分のまわりにざわざわ家族がいるということが。

栁沢　ニートやパラサイトの問題について本田さんが論じた文章を、(18)朝日新聞で読みました。そこで引かれていた、若者が個々の親に依存しているのではなく、むしろ企業や社会が家族システムの含み資産に依存しているのではないかという論は、非常に興味深かった。その視点で見れば、「溜め」というものを、ある意味、社会や企業が食いつくしているともいえそうですね。

本田　そうですね。それはおもしろい表現だと思います。

栁沢　企業が若者を低賃金で使い捨てにできるのも、家族システムの含み資産のおかげで、その恩恵を受けているくせに、低賃金を若者の自己責任に帰している。

ところで、「自己排除」でなくみずから撤退するということなら、これはＥＣＤさんの小説のテーマそのままじゃないかという気がします。『失点イン・ザ・パーク』(19)では、「働きたくないから働いている人間を見るのが苦痛だ」という元アル中の男が、アパートを借り続けるために働く。それはもっぱら、アパートを住み処とする飼い猫たちを守るためで……。

ＥＣＤ　そうですね、撤退して、「これでいいんじゃないの？」というほかの世界を模索してみる。ほんのひとときでも、狭い場所であってもいいからつくることからしかはじまらないんじゃないかな、と僕は思っているんです。人間の信頼関係とか、いろんな部分で、これぐらいあれば大丈夫だろうというところを、とりあえず現実に実践してみる。

僕は吾妻《あづま》ひでおさんの『失踪日記』(20)が好きなんですが、吾妻さんは漫画を描くのが苦しくて失踪したはずなのに、収入を得るため働くことになったガス会社の社内報に、吾妻ひでおと知られぬまま、結局漫画を描いていたりする。

栂沢　またもとに戻ってるところがおかしいですよね。

ECD　目標収入という考え方があるじゃないですか。必要な分だけ働いてそれ以上は働かない。自分の生活に必要なものがわかっていれば、そのぶんだけ働く。そこで、はじめて働く楽しさが実感できたり、ほかの世界との出会いもあるんじゃないかと思うんです。

でも、いまはその目標収入自体が勝手にどんどん高く引きあげられているところがすごく問題で、矢部史郎《やぶしろう》さん(21)という人がやっていた銭湯を減らすなという運動があるんですけど、ようするに風呂なしでもいいから安いアパートで暮らす権利が奪われている。風呂つきの高い家賃のところにしか住めなくなっているせいもあって、漫画喫茶で暮らすような人も出るわけで。

本田　不動産としての付加価値をつけて高い家賃で貸し出し、収益を出そうという経済構造があるなかで、低水準といっちゃいけないですけど、ぼろぼろながらしっかり生きていける場所みたいなものが、どんどんなくなっている感じがありますね。

栂沢　その付加価値をつけた商品の高さ。それがそのまま消費者金融・ヤミ金の底なしの肥大化につながっている。「下流喰い」です。サラ金にいくということも、過去といまの違いなんでしょうかね。生活の膨らみというか、おそらくそれが子どもをつくれない理由にもなっているんでしょう。

本田　話がぶれて申しわけないんですけど、ECDさんの小説を読んで、すごくぎりぎりだし、貧乏なんだけど、友だちいるし、別れたといいながら「マコ」ちゃんがいるじゃん！　いいじゃん！　みたいな印象を受けてしまったんですよ。何で私がそんなに怒らなきゃいけないのかわかりませんけれども（笑）、そう思っちゃったんです。結局、それこそが「溜め」だと思うんです。でも、それももてない人もいる。

「現代におけるプロレタリア文学」？

本田　現代のフリーター文学的なものは、出会いなき、あるいは集団性なき個々人の日常を、私小説的に描くことが多いんじゃないでしょうか。とくに現代の特徴は、伊藤《いとう》たかみの『八月の路上に捨てる』(22)もそうですけれど、恋愛関係や夫婦関係が大きなテーマになってきて、非常に微妙に揺らぎ合い、触れ合うような人間関係を描き出すものが多い。

でも、まったく個人的な評価ですが、これはものたりないと思うんですよ。不安定な状況にある人たち同士の、閉じた関係性やそれにまつわる心理が描かれ、それが続いたり終わったりして小説が閉じられていくというのは。

楜沢　フリーターが登場する『八月の路上に捨てる』に続き、第一三六回芥川賞を受賞した青山七恵《あおやまななえ》の『ひとり日和』[23]ではニートが描かれます。ただそれらは、財界などが望むかたちでのフリーター像、ニート像であったようにも私には感じられるのですが。

「〝現代におけるプロレタリア文学〟と呼びうる作品があるとすれば？」という編集部の質問に対して、私は吉田修一《よしだしゅういち》の『日曜日たち』[24]をあげました。この小説は一〇年という時間がひとつの軸になっています。二〇歳前後で地方から東京に出てきた五人の若者たちが、最初は正社員であったり、学生であったりしたのが、やがて一〇年のあいだにフリーターになったり、失業したり、派遣社員になっていたりで、自分が最初にいた位置からどんどん転落していく。年齢とともに労働者としての、人間としての価値が、その一〇年のあいだに下落していく。値踏みされ、使い捨てにされ、一〇年のあいだにもちえたはずの働くことの誇り、生きる誇りというものをもつことができない。そこを的確に描いていることが、この小説のポイントになると思うんです。

ECD　僕が気になるのは、家出したふたりのおさない兄弟が連作のすべてに登場しますね。「放浪者富蔵」的な視線でいえば、この兄弟は最悪の父親のうちからは家出しているわけだから、この時点では自由じゃないですか。そのことはあまり肯定的に描かれていなくて、結局ここに出てくる登場人物たちにとって、私はここまでひどくはないな、という存在になってないかと。

楜沢　五人は一〇年前のある日曜日に、九州から家出してきたみすぼらしい兄弟とそれぞれ別々に遭遇し衝撃をうける。確かにその当時は「ここまでひどくはない」と思っている。しかし、一〇年後に自分たちのいる位置がこの兄弟の現実と重なることで、あの日曜日の出会いを反省的に思い返すわけです。

　吉田修一のいいところは、日常のなかに不思議なもの——この小説なら子どもたちとの出会い——をポンと放り込んで、そこで波紋を広げ、一人ひとりのなかに動揺を起こす。そして一人ひとりの主人公がいままでもつことのなかったような言葉を自分のなかでつくりあげていく。あるいは言葉がそこから生まれてくる瞬間を描いていることだと思います。

ECD　転落していったことに対して、五人は否定的なように感じられました。そこから得られるものはなかった、みたいな。

栩沢　いや、この小説は転落も無意味だったとはいえないと終わっています。おさなかった家出少年が成長して、一〇年後に偶然、連作中の女性主人公と再会するシーンがありますね。自分たちが一〇年前に出会ったものが、まるで夢のように大きく成長して現在によみがえってきていることを見た瞬間に、自分の人生、この屈辱にまみれた一〇年もけっして無駄ではなかったと思う。屈辱を逆襲へと転じる視点がここにはありますね。

本田　好きな小説ですが、兄弟との再会は設計的につくられすぎているかなという気もしました。吉田修一の作品でいえば、朝日新聞に連載していた『悪人』[25]もありますね。からみ合ったさまざまな家族や、すれ違う人々が多面的・立体的に描かれていて、群像としておもしろいと思いました。

榊沢　『悪人』も、まさに出会いの話ですね。出会い系サイトを介した殺人。いわば最悪の出会いです。しかしここにあるのは、葉山嘉樹と同じで、たとえ最悪であるとしてもふたりの別々の現実はどこかで出会わないわけにはいかない、ということです。最悪の出会いをもおそれずに出会わせなければ、分断された現実や人間のありようを露呈させることはできない。

　いままでの吉田修一の集大成と考えていいのではないでしょうか。僕は『日曜日たち』がなければ『悪人』は出てこなかったと思います。話のつくり方が都合よかったりする部分はありつつも、『日曜日たち』のような書き方は悪くないと思うんです。やはり集団というか、群像を描ける作家は、いまはあまりいないと思うので。

本田　同じ朝日新聞に連載していた、桐野《きりの》夏生《なつお》の『メタボラ』[26]に、私はちょっと葉山嘉樹的な視線を感じるんです。集団自殺を企てて記憶喪失になった少年の、自殺にいたるまでとその後とを、時間的に行き来しながら描き出していく。主人公は母の家出や父の縊死《いし》を経験し、偽装派遣のような請負労働者となって工場で働いて、過酷な生活を送るんですが、そこで中国から来ている男性とホモセクシャルを感じさせる関係になる。

　集団自殺に失敗したあとは、沖縄で若者支援をするNPO的な集団に関わってみたり、そのリーダーが選挙運動に出たりする。つまり、現代の若者を取り巻くジャーナリスティックなトピックが網羅されるかたちでたくさん盛り込まれているんですね。だからこそ、私小説的なフリーター像をなぞるようなことがなくて、いまの若者が最底辺に置かれた場合に何が起こりうるかの、ある種の寓話になっていると思うんです。そこが葉山嘉樹との共通点のような気がします。

もうひとつあげておきたいのは、山田詠美《やまだえいみ》の『風味絶佳《ふうみぜつか》』[27]。ガテン系の3K的な仕事に携わっている人たちの世界を描いた小説ですが、彼らの仕事に対する考え方とか自分自身に対する誇りみたいなものが、洗練され彫琢《ちょうたく》されたかたちで描かれていると思いました。だから「現代におけるプロレタリア文学」がありうるとすれば、社会システムまで視野に入れ、グローバリゼーションにせよ何にせよ、社会状況がマクロとしてあって、そのなかで各人がどういう位置に置かれているのかということを把握したうえで、戦略的なフィクションとして描き出すものであってほしいと思います。

栩沢　そのとおりだと思います。たとえば、フリーターやニートという言い方は、それは官製用語と同じで、企業や財界、あるいは広告会社が私たちに上から押しつけてくる言葉です。そんなふうに都合よく分断され、一人ひとりが狭い現実に押し込められ管理されていく。フリーターという枠、ニートという枠のなかでおとなしくしていろ、と。だから、ある日突然『セメント樽の中の手紙』がやってくるんですよ。おとなしくしていることに耐えられなくなって、出会いを求めてやってくる。与えられた言葉のなかで自足するのではなく、むしろフリーターやニートという枠を破るような出会いが描ける小説が、求められていると思います。

本田　ちょっと思い出したのが、いま、とくに権力をもつ人たちの手によって、いろいろなものが不可視化されているという指摘も社会学のなかではあるんですけれども、たとえばさっきの若年ホームレスのことも、湯浅さんが言い出すまでは、そういう統計もほとんどないし、あまり話題にもならなかったのです。

行政当局にとって都合の悪い存在というのは、何か下から噴出してこない限り不可視化されている。それを可視的なものに、いわゆる存在感と彼らなりのボイス、単にぶつぶついっているノイズじゃなくて、輪郭のはっきりしたボイスをもつ存在として可視化させていくということが、ひとつ文学にありうる可能性なのではないでしょうか。

栂沢さんは『日曜日たち』に関する評論(28)で、こう書かれてますよね。「着々とすすむ『戦時下』にあって、使い捨てにできる人間がますます求められている。そのためには『若者』の人間としての価値を下落させておけばよい。使い捨てできるように、使い捨てされてもしょうがない存在、戦場に送る以外に価値のない存在にしたてあげればよい」――これは本当に印象に残る言葉だったんです。

つまり、ニートにせよ、フリーターにせよ、若者バッシング的なものは、若者を価値のない存在としておとしめ、若者の殻《から》なり鎧《よろい》なりを剝奪して、企業や国家が使いやすいほうに、あるいは自己排除するほうにもっていこうとする定義づけだと思うんです。

たぶん文学は、こういう上から与えられる定義をはね返す別の定義を、みずから私たちに与えていけるという意味での価値があるのかもしれない。

ＥＣＤ　僕の場合、排除されることは逆に強みだと、じつは思ってるんです。このところ政府は、能力がなくてまともな生活ができないのは自分の責任でしかないといっている。そうやって排除するなら、もし国家が戦争をはじめたいと思っているとしても、それじゃ戦争にはもっていけないですよね。ナチスだって「君たちが苦しいのは外国に苦しめられているからだ」といって台頭《たいとう》したのに、苦しいのは全部自分の責任だよと国がいってるんじゃ、戦争なんか誰も行きたくないわけで。

使いものにならないだけで排除され、使い捨てされるということは、逆にいえばいつでも仕事からはなれられる自由があるということだし、そういう部分を僕は活用して、最低限の生活のためになるべくすくなく仕事して、それ以外の場と時間をどれだけ充実させるかを考えますね。

本田　でもそれは、システムに包摂されて、必死に長時間働いている正社員なんかからすれば、「あいつら余裕あるな、誰が経済まわしてると思っているんだ」というような不満を感じさせることになり、結局は労働者のあいだに分断を深めないでしょうか?

ECD　だって、すくない金しか使わないし、すくなく働いてすくなく消費する。自分たちのなかで低く循環していく限り、一生懸命働いている人の足を引っ張ることにはなりませんよね。

本田　たとえば、すくなく消費するために安い衣料品を買おうとしたら、それは中国製で、結果、日本の繊維産業の中小企業が苦しんでいたりするという現実もある。自分たちはすくなく働いてすくなく消費するという閉じたかたちで存在することは、もはやできない時代ではないでしょうか。

誰もが大きなシステムに巻き込まれざるをえない。それなら、もっと正面切ってシステムに立ち向かい、その作動を調整していこうとするような、ある種、生真面目な運動や政策提言も、一方では必要だろうと私は思うんです。

栩沢　本田さんが共著で出された本のタイトルは、ずばり『「ニート」って言うな！』。若者を価値のない存在に仕立てておいて、「くだらない若者」がいるんだったら安く使って何が悪いんだと言い張るのが企業の論理でしょう。グローバリズムは「奴隷」を必要としている。ニート、フリーターという企業側がでっちあげた言葉を受け入れていてはだめで、本当は「奴隷」なんだということを発見していくような作品に、私としては期待したいですね。あるいは「困民」だっていい、とにかくこっちから言葉を言い返してやらないと……。

ECD　そこで可視化する必要はないんじゃないかと思います。可視化すると、理解され括られて、つぶされてしまうじゃないですか（笑）。やっぱり、わけわからないけど何か騒いでいるやつがいるという状態が、僕はいいですね。

ECD（イー・シー・ディー）　一九六〇年東京生まれ。作家、ラッパー。サウンドデモなどでも独特の存在を示す、自称〝アナーキスト〟。著書に『失点イン・ザ・パーク』（太田出版）、『ＥＣＤＩＡＲＹ』（レディメイド・インターナショナル）、『何もしないで生きていらんねぇ』（本の雑誌社）など。

楜沢健（クルミサワ・ケン）　一九六六年東京生まれ。文芸評論家。プロレタリア文学を研究の中心テーマに据え、ユニークな文芸評論を展開。著書に『だからプロレタリア文学』（勉誠出版）、『だから、鶴彬《つるあきら》』（春陽堂書店）など。

構成／宮内千和子

注

(1)『私の東京地図』は講談社文芸文庫、『壁にはられた写真』は「小林多喜二全集」（新日本出版社）、そのほかの作品は「日本プロレタリア文学集」（新日本出版社）に収録されたものを、鼎談用のテキストとした。

(2) 宮地嘉六（一八八四―一九五八）佐賀生まれ。尋常小学校未了のまま、職工の道へ。著書に『煤煙の臭い』『或る職工の手記』など。

(3)『放浪者富蔵』一九二〇年発表（「解放」）。「人生の苦痛と倦怠と不満」から逃れるため、東京から東海道を下る徒歩の旅に出た富蔵。道中、工場で働いたり、行き会った芸人（法界屋）と組んで踊りを披露し祝儀をもらったり。だが、「道楽」が好きで、「機械油に染」まるのが「つくづくいや」な怠惰者・富蔵に対する周囲の視線は冷たく……。

(4) 葉山嘉樹（一八九四―一九四五）福岡生まれ。早大高等予科除籍後、カルカッタ航路の貨物船に乗船。名古屋共産党事件で収監され、獄中で書いた『淫売婦』で注目される。著書に『海に生くる人々』『移動する村落』など。

(5)『淫売婦』　一九二五年発表（「文芸戦線」）。ポン引き風の男たちに連れられ、病み衰えた全裸の元女工に引き合わされる船員。彼女を見世物にし金をとろうとする男たちに船員は憤るが、それは男たちが女を助けるために考え出した、窮余の一策だった……。

(6)『セメント樽の中の手紙』　一九二六年発表（「文芸戦線」）。セメントあけの仕事をしている与三。ある日、セメント樽に入っていた女工の手紙を発見。そこには、破砕機に落ちて「私の恋人の一切はセメントになってしまいました」と綴られていた。「此樽の中のセメントは何に使われましたでしょうか」と問い、劇場の廊下や大邸宅の塀に使われたりするのは忍びない……と文面は続く。子どもが多く騒々しい家で、与三は持ち帰った手紙を見つめながら酒をあおるのだった。

(7)　中野重治（一九〇二―七九）　福井生まれ。プロレタリア文学運動の指導者の一人。日本共産党に入るが「転向」を余儀なくされ、後にさまざまな文学論争を呼ぶ。著書に『梨の花』『歌のわかれ』など。

(8)『交番前』　一九二七年発表（「プロレタリア芸術」）。酔った道路工夫を、巡査が交番に連行しようとする。工夫は激しく抵抗。やがて人だかりができ、「官憲」をめぐって群衆の視線と思惑が交錯する。工夫が巡査の手をすり抜けた瞬間、群衆の目は「希望」に輝くが……。

(9)　佐多稲子（一九〇四―九八）　長崎生まれ。キャラメル工場をはじめ、さまざまな仕事を経験。本郷のカフェーに勤めていたころ、『驢馬』の同人、中野重治や堀辰雄たちと出会い、創作をはじめる。著書に『女の宿』『夏の栞』など。

(10)『キャラメル工場から』　一九二八年発表（「プロレタリア芸術」）。家計を助けるためキャラメル工場に通いはじめた一三歳のひろ子……。佐多本人の実体験に裏打ちされた筆致で、つらい労働の日々が淡々と描かれる。

(11)『驢馬』　中野重治、堀辰雄、窪川鶴次郎らが一九二六年に創刊した同人誌。彼らに触発され創作をはじめた佐多稲子は、やがて窪川鶴次郎と結婚（のちに離婚）。二八年廃刊。

(12)『私の東京地図』　一九四六～四八年発表（「人間」ほか）。上野池之端清凌亭で女中をしていた経験や、中野重治、芥川龍之介らとの出会い、非合法活動の日々などを描いた自伝小説。

(13)『ECDIARY』(レディメイド・インターナショナル、二〇〇四)は、二〇〇四年二月一八日からの百日間にわたるECD氏の日記を単行本化したもの。「サウンドデモ」やそれに対するBBS(電子掲示板)の「嵐」、ライブと労働と読書……の日々が綴られている。

(14) サウンドデモ　イラク戦争のころから若者を中心に盛んとなった。二〇〇三年一〇月五日には「派兵反対+路上解放」を訴える大規模な「パーティ」が渋谷・宮下公園でおこなわれ、ECD氏もラッパーとして参加。その後、多数が渋谷・青山をデモ行進。サウンドシステムをともなったデモは、路上レイヴの様相をていした。

(15) 小林多喜二(一九〇三—三三)　秋田生まれ。四歳で小樽に移住。二八年に「一九二八年三月十五日」を、二九年に『蟹工船』を発表。三一年、日本共産党に入党、実体験をもとに『党生活者』を執筆。三三年、街頭連絡中に逮捕され、築地警察署での拷問により死亡。

(16)『壁にはられた写真』一九三一年発表(『ナップ』)。バス会社の食堂の壁にはられた粗末な写真。やがてそれが「三・一五」で殺された共産党の闘志「ワタマサ」こと渡辺政之輔の写真であることがわかり、労働者たちは奇妙な熱狂におちいっていく。「オレ達労働者は立ち上がらなければならないッ!!」「われらの渡政!!」

(17)『ECDIARY』から、落書きに関するECD氏の言葉を抜粋。「人は壁があるから落書きをするのだ。(中略)ベルリンの壁にはおびただしい数の落書きがあった。壁が崩れるのと一緒に落書きも消えた。壁が崩れれば落書きも一緒に消えてなくなる。壁の無いところには落書きもない。」

(18) 本書のⅢに掲載した「〈コラム〉企業の『家族依存』を正せ」を参照。

(19)『失点イン・ザ・パーク』(太田出版、二〇〇五)　アーティスト契約金が毎月入ることになり、酒に溺れだしたラッパー「ECD」。やがてアルコール中毒になり、契約金は打ち切られ、恋人「マコ」からも別れを切り出されることに。仕事しなくてはと求人誌を眺め、ハローワークに通うが、三九歳の男を雇ってくれる会社はなかなかなく……。「中野区中野1―64―2」併録。

(20)『失踪日記』（イースト・プレス、二〇〇五）「原稿をほっぽって」失踪し、路上生活を始めた漫画家・吾妻ひでお。ゴミ箱をあさり、自販機の小銭を集め、派出所で「説諭」され……波瀾万丈の日々がリアルかつユーモラスに描かれている。

(21)矢部史郎　一九九四年に「銭湯利用者協議会」を結成。山の手緑との共著に『無産大衆神髄』（河出書房新社、二〇〇一）、『愛と暴力の現代思想』（青土社、二〇〇六）がある。

(22)『八月の路上に捨てる』（文藝春秋、二〇〇六）トラックで清涼飲料を配送するアルバイトをしている敦。夢と現実の間で、いつしかねじれてしまった妻との関係。離婚届の提出は、明日……そんな敦と、先輩の女性ドライバー・水城さんの、八月最後の一日を描く。「貝から見る風景」併録。

(23)『ひとり日和』（河出書房新社、二〇〇七）二〇歳のフリーター・知寿は、遠い親戚である七一歳の吟子さんの家で居候生活を始める。吟子に時に甘え、時にいじわるをいう知寿。ふたりの不思議な交流は、やがて……。

(24)『日曜日たち』（講談社、二〇〇三）都会での鬱屈した日々のなかで、もがきながら生きる男女の姿を描く、五つの物語。

(25)『悪人』（朝日新聞社、二〇〇七）福岡と佐賀を結ぶ三瀬峠で、土木作業員の祐一は、出会い系サイトで知り合った保険外交員の佳乃を殺してしまう。加害者と被害者、それぞれの家族、友人、知人、職場の同僚らによる証言や独白から浮かび上がってくる現代の格差、差別、闇……。

(26)『メタボラ』（朝日新聞社、二〇〇七）「自分探し」の果て、「下流社会」を漂い続ける若者たち。記憶をなくした青年は、新たな「自己創造」の旅に出た……。

(27)『風味絶佳』（文藝春秋、二〇〇五）とび、清掃作業員、引っ越し作業員、葬儀屋……の「肉体の技術をなりわいとする」男たちと、女たちが織り成す、風味あふれる物語六篇。

(28)「あの『日曜日』へ――吉田修一と戦時下の現在」（「千年紀文学」五五号、二〇〇五）。

〈コラム〉 お母さんに自由を！

先日、家族と夕食をとりながらテレビを見ていた。すると、私が急に憤慨しはじめたので、子どもたちが驚いて、食べ物にむせるということがあった。

見ていた番組は、例の有名な耳がなく青い猫型ロボットが出てくるアニメだった。そのストーリーは、こうだ。一家のお母さんがやむをえない用事で出かけてしまったあと、お父さんが食事をつくれず、たまたま財布にお金もなかったので、子どもとふたりでお腹がすいて困っている。

そこに猫型ロボットがやってきて、おいしい食事の出てくるテーブルクロスをお腹のポケットから出し、昼食も夕食もお腹いっぱい食べる。お父さんも子どももいい気持ちになっていたところに、みんなが飢えているのではないかと、豪雨のなかをお母さんが必死で帰って来る。そして、みんなの様子を見て、ぷんぷん怒るというものだった。

私はその番組の放映中、「父親でもご飯くらいつくれよ！」とか「母親も食事づくりなんかを自分の存在意義だと思うなよ！」といって、箸をふりまわしながら（行儀が悪いが）怒り続け、うちの子たちは目を白黒させていたというわけだ。

この番組に限らず、日頃からずっと気になっていたのは、日曜の夕方に二本続けて放映されている「国民的」家族アニメも、ちょっとお下品であることで知られる幼稚園男児が主人公であるアニメも、すべて母親が専業主婦で家にいるということだ。

現在の日本の既婚女性は、三〇代後半で半数以上、四〇代前半で六割以上が働いている。その多くをパートなどの非正社員が占め、しかも近年の労働市場の変化により、非正社員の比率がいっそう増大していることは確かだ。しかし、「働くお母さん」のほうが多数派なのである。

にもかかわらず、数十年前の日本で原作がつくられたり、当時を舞台としたりしているようなアニメが、いまなお「お母さんとは家にいるものだ」というメッセージを、毎週毎週画面から流し続け、それが全国津々浦々の子どもたちの脳裏に刻み込まれる。なんという時代錯誤かと、ため息が出る。

そのような「お母さん」イメージが、いまだ強固に日本社会に残っている一方で、「女性も社会進出を」「自己実現を」とうながすメッセージも、他方では声高になっている。そうした錯綜するメッセージのはざまで、当事者である母親たち自身が引き裂かれた状態にある。

私は最近、小学校高学年の子どもをもつ約四〇人のお母さんたちに、子育てのことや自分の仕事のことについての考えをインタビューする調査をおこなった。それを通じて見えてきたことのひとつは、彼女たちのなかにある潜在的・顕在的な葛藤である。

「〇〇ちゃんのお母さん」であるだけではない自分を生きたい。でも「子どもに何かあったときに」、まだ自分がそばにいてやらなければならない。あるいは「パートで働きはじめたけれど、子どもに悪影響が出るのでは」と考えてしまったり。

このように、母親役割と個人としての自分とのあいだで、彼女たちは揺れ動いていた。しばしば聞かれたのは、「いずれ子どもから手がはなれたら……」という言葉である。しかし、現代の日本では、子どもや若者をめぐって、「いじめ」や「凶悪犯罪」や「ニート」など、不安を煽る報道や言説があまた生み出されている。それゆえ、彼女たちは子どもの年齢が上がっても、安心して「手がはなれた」とは思えない。育児不安は、乳幼児をもつ母親だけの話ではないのだ。

「三歳までは母親が子どものそばにいてやることが望ましい」という「三歳児神話」だけでなく、「小学生神話」あるいは「中学生神話」「高校生神話」さえ存在するなかで、母親たちの思う「いずれ……」というタイミングは、やってきたときにはすでに遅すぎるか、あるいは永遠にやってこないかもしれない。

お母さんたちを、もっと自由にしてあげてほしい、と思う。猫型ロボットに怒りをぶつけた翌朝、私は通勤のバスの車内から、背広の上におしゃれなスリング（袋状の抱っこひも）をつけてそのなかに赤ちゃんを抱っこして、保育園に急ぐ若いお父さんを見かけた。そのお父さんは、いとも自然にそうしており、赤ちゃんは抱っこされて安心していた。

こうした家族を主人公にしたアニメが、たくさん流れてくれたらいいのに、と思った。女性も男性も、自分や家族にとって必要で、かつ自分や家族が望むことを、それぞれ当たり前のように実行できる世の中になってほしい、と思った。

〈コラム〉「家庭の教育力」って何？

うさんくさい言葉が政治家の発言や政策のなかにちりばめられている。「美しい国」、「再チャレンジ」、「人間力」……。それらは、定義はあいまいでありながら、肯定的できれいな響きをまとい、有無をいわさず人々の考え方や行動を特定の方向に水路づける働きをもつ。しかし、それらの言葉は、じつは厳しい現実から人々の目をそらすためのまやかしであったり、現実をもっと厳しい方向に追い込んだりする場合さえある。

そういう言葉のひとつとして、最近の政策のなかで幅を利かせているのが、「家庭の教育力」である。二〇〇六年一二月に「改正」が強行された教育基本法には、新たに家庭教育の条が設けられた。そこには、子どもの生活習慣や自立心の形成について、保護者が責任をもつということが規定されている。安倍晋三首相（当時）直属の教育再生会議では、親孝行や家庭のしつけの重要性を指摘する発言が頻発していた。

文部科学省は、平成一八年度の予算のなかで、子育て講座や家庭教育手帳の配布など、「家庭の教育力向上に向けた総合的施策」に、一三億円以上の予算をあてている。そして「早寝早起き朝ご飯」国民運動や「子どもと話そう」全国キャンペーンが繰り広げられている。それらの政策に呼応するようにして、大衆メディアにも「できる子どもは親が作る！」

などの見出しがあふれている。

こうした動向に対し、それは家庭という私事的領域への国家の介入であり、許しがたいという、理念面からの批判をおこなうことは重要である。しかし、同時に、家庭教育の称揚が、私たちの生活におよぼす実質的な弊害という観点からの批判も必要である。

私は、拙著『多元化する「能力」と日本社会』（NTT出版）のなかで、家庭教育の重要化が女性・母親にとって重圧となっており、子どもをもつことへの躊躇や、子どもをもちながらフルタイムで働くことへの消極性をもたらすおそれがあることを、おもに質問紙調査データに依拠して論じた。だが、質問紙調査では、母親の意識と行動をつぶさに把握するには限界がある。そこで私は、小学校高学年の子どもをもつ母親約四〇人にインタビューをおこない、その結果を『「家庭教育」の隘路』（勁草書房）という本にまとめた。

このインタビュー調査から見いだされたのは、母親たちがそれぞれに子どもの教育に精一杯の力を注ぎながらも、具体的な考え方や行動は多様であるという、当然の事実だった。学校生活、学校外の塾や習い事、家庭での勉強や遊び、子どもの将来への期待など、さまざまな面で母親たちは細かく配慮し、態度や行動に惜しみなくあらわしている。

しかし、母親が子どもに投入できる金銭・時間・文化・ネットワークなどの資源には、個々の家庭によっておのずと違いがある。子どもを週四日、三時間ずつ塾に通わせる母親もいれば、通信教育だけでも与えたいと思う母親、あるいはいずれもおこなっていない母親もいる。

子どもの才能を最大限に引き出そうと、バレエやバイオリンを習わせる母親もいれば、放課後は外で友だちと遊ぶのが一番と考えている母親もいる。長期休暇ごとに子どもを海外に連れていく母親もいれば、近所での買い物や虫取りを一緒に楽しむことでよしとする母親もいる。主体性や専門性を身につけることを子どもに期待する母親もいれば、とにかく人に迷惑をかけず、自活することを第一とする母親もいる。

いずれの母親も懸命であることに変わりはない。また、いずれかが正しく、それ以外がまちがっているわけでもない。それぞれがそれぞれなりに「パーフェクト・マザー」を目指していながら、その内容と水準に違いがあるのだ。

家庭教育の重要性が喧伝《けんでん》されれば、もっとも敏感に反応するのは、すでに過剰なほどに教育熱心で、諸資源に余裕のある母親たちだ。その子どもたちは、いっそう有利な将来にいたるか、あるいは母親の熱意に振りまわされ、燃えつきるかのいずれかになる確率が高い。それに対して、「普通の」母親たちは、お金や時間の限界や生活者としての常識から、それほど鋭敏な反応は見せないだろう。

さらに、生活苦から子どもの養育責任の放棄や虐待にいたりがちな母親は、いくら政府が家庭教育の重要性を呼びかけても、それに応じはしない。こうして家庭教育重視の政策は、その格差を助長し、すでにぎりぎりの状態にある母親たちに、さらに圧力をかけることになる。それは少子化抑制や男女共同参画という、他の重要な政策課題の実現をも阻害するだろう。

それゆえに、「家庭の教育力」の向上という一見もっともらしい政策には、いくえもの陥《かん》穽《せい》が含まれている。ほんとうに必要なのは、家庭の外に、家庭間の格差をできる限り補完するような機会を、公的に充実させることだ。具体的には、公立の初中等教育で、きめ細かい指導により、総合的で有用性の高い知識とスキルの習得を均質に保証することや、学校の内外で芸術やスポーツなど多様な活動を安価に提供することが望まれる。

きれいな響きをもちながら、実際には問題の多い政策上の言葉にコントロールされてはならない。私たちが政策や制度をコントロールする側なのだ。

Ⅶ

絶望から希望へ

いま、若い人たちへ

若い人たちへ。

いま、この国には、いびつなところがこれまでよりもいっそう目立ってきているようです。社会のなかのさまざまな領域や組織が、それぞれ閉ざされたなかで、競争に勝ち残るための効率性を、最大限に追求しようとしています。

その結果、生身の人間にとってとても息苦しく、何のためかもわからないままに駆り立てられるようなことが、そこらじゅうで起きています。

たとえば仕事の世界では、やり方をほとんど教えてもらえずに、いきなり責任が重く複雑な仕事を担わされることもあります。その役目を果たそうと必死で働いた結果、疲れ切って心身を壊し、辞めざるをえなくなったケースがたくさん報告されています。

あるいは逆に、いつまでも単純な繰り返しの作業を与えられ、給料も低いままで、これから成長していけるという将来の展望を、まったくもてないような職場も数多くあります。

このように、まともな働き方（decent work）がかつてよりもずっとすくなくなっているのに、あるいはだからこそ、学校や家庭では、稀少化した昔ながらの成功や安定を勝ち取ることを期待して、勉強や従順さを要求しがちです。政権は、若い人たちに規律やモラルを要請し続けています。

また、第一生命経済研究所が二〇〇五年におこなった調査では、親が子どもに望む仕事の第一位は公務員で、そう望む親の比率は子どもの年齢が高くなるほど多く、高校生の親では半数に達しています。公務員が象徴している安定性は、とくに親たちにとって、切望の対象となっているのです。

学校が一元的な価値を強要する

こうして教師や親たちは、自分たちの生きてきた時代の旧《ふる》い経験に基づいて、「こうしておけば大丈夫なはずだ」「これが正しい生き方だ」という考えのもとに、あなたたちをそれに合わせようとするでしょう。それは、若い人たちにとっては重苦しい束縛と感じられることも多いでしょう。

たとえば、ある若い研究者は次のように書いています（新谷周平「居場所化する学校／若者文化／人間関係」広田照幸編著『若者文化をどうみるか？』アドバンテージサーバー）。小・中学校の教室では、しばしば前方の黒板の上に学級や学年の目標がはり出されています。その目標の典型例は、「なかよし、思いやりのある子」「がんばる子、元気に遊ぶ子」「勉強をしっかりする」の三つです。そう指摘したうえで、その研究者は、なぜ「自分の思いを表現しよう」「自分が正しいと思うおこないをしよう」といった目標ははり出されないのか、と問いかけます。

そして彼は、学校がいまなお一元的な価値を強要する場であり続けていることを指摘します。「みずから考え、主体的に判断する力」を身につけさせることが、学校教育のもっとも重要な目的である。そう叫ばれはじめて久しいにもかかわらず、教育の現場ではその逆のこと、つまり特定の望ましい人間像を上から押しつけるということが、あいも変わらずおこなわれているのです。

なぜそうしなければならないのか、という疑問をあなたたちがもったとしても、「与えられたものを疑問をもたずに受け入れろ、意味など考えてもわかるわけがないのだから、世の中はもともと理不尽なものなのだから、それに従え」と、あなたたちのためを思っているような口振りで諭してくる年長者も多いでしょう。

そうした類《たぐい》の内容の書物もかずかず出版されています。

からまわりする「主体性」

そのような言葉にあなたたちが素直に従って、いざ学校をはなれる段階になったとき、突然「お前は何がやりたいのだ、お前はどんな人間なのだ」という問いが、ぎりぎりと投げかけられるでしょう。

それまでの「いうことに従え」というメッセージが、一転して「自分で決めろ」に変わるのです。そしてあなたたちがとまどってしまったら、「お前には『人間力』が欠けている」

という非難が浴びせられるでしょう。失敗は、あなたたちの「意欲」や「コミュニケーション能力」がたりなかったせいにされるのです。

でも、ここでいわれている「意欲」や「コミュニケーション能力」は、じつのところ、企業が望むような考え方や意識を自発的に読み取り、先まわりして行動するような資質にほかなりません。多くの日本企業は、あまりに高い「意欲」や自己主張を示すような、本当に個性的な人間など求めてはいないのです。

たとえば、ある若い研究者は、中国に進出した日本企業のフィールドワークから、次のことを見いだしました（甘静『中国進出初期の日系企業の実態と課題』東京大学大学院教育学研究科提出修士論文）。その企業は、「従業員一人ひとりが自主性と創造性を十分に発揮できること」や「チャレンジ」「開放性」などを社是として掲げています。そして、その社是は、朝礼などの場で中国人従業員に対して繰り返し説かれるのです。

しかし、中国人従業員たちは、この企業が経営のさまざまな面で、きわめて慎重かつ保守的であることを見抜いており、理念と実態とのギャップに対して不満を抱いています。この企業の日本本社でも、社員のあいだに「大過ない、周囲から飛び出ることはしない判断を常に下す」雰囲気があることは問題視されていました。でも、そうした企業体質は、なかなか変えられないまま現在にいたっているといいます。

同様のことは、私が話を聞いた若い女性のケースでも見られました。彼女は上司から、創造性を発揮してくれるよう期待しているとつねづね口ではいわれながらも、担当させられている実際の仕事は繰り返し的な単調なもので、創造性など発揮する余地がないのです。そのため、いっそうあせりや悩み、迷いがつのっていると、彼女は語っていました。

これらの例にあらわれているのは、いまの日本企業が若者に対して声高に求めている「自主性」、「創造性」、「挑戦」などの言葉の陰で、個々人を圧殺するような集団への同調圧力、前例の踏襲主義、上意下達的な官僚主義が、まだはっきりと生き残っているということです。

ダブル・バインド社会

学校でも企業でも、そして家庭でも、いまは昔とくらべて若者の自発性や主体性をずっと重んじるようになっているかに見えます。しかし、その自発性や主体性は、あくまで教師や親、企業が考えている方向に沿ったものであることが求められているのです。だから、若者が違う方向を目指すことを押さえつけるような風潮が学校や企業にはあります。

これは若者のなかに大きな混乱をもたらす「ダブル・バインド」状態です。おとなは、若者に自由を与えたかのように振る舞いながら、いつでも潜在的に、ものごとの正解をちらつかせているのです。ふたつの相反するメッセージが同時に社会から若者に対して発せられている。だから、若者はどう反応していいのかわからない。だって、自発的であることを「上から目線」で求めること自体、本質的に矛盾したこと、つまりパラドックスなのですから。

こんな世の中で、若い人はつらいことが多いだろうと思います。二〇〇六年末にUNIC

EF（国連児童基金）が出した報告書では、「私は孤独だ」、「私は気まずく場違いな感じがする」と答える一五歳層の比率は、日本ではそれぞれ三〇％と一八％で、他国とくらべて日本で飛び抜けて多くなっています。

日本の組織に色濃く残る同調圧力と、他方ではますます派手にうたわれる「人間力」や「生きる力」のはざまで、若い人たちはひとりきりで取り残されたように感じ、自分が何を目指して進めばよいかわからなくなっているのです。

年長者として何ができるのか

憂鬱《ゆううつ》な話をしてごめんなさい。私がいいたいのは、こんな状況のなかであなたたちが苦しんでいるとしても、それはあなたたちが悪いのではないのだ、ということなのです。若い人たちがもっとのびのびと呼吸ができる環境をつくり出すのが、私も含めた年長者の務めであるのに、それができていないということなのです。この点では、私も自分の無力を恥じ入るばかりなのですが。

経済や社会がこれまでほどうまくまわらなくなり、競争も厳しくなるなかで、おとなたちが若者に、かつてより厳しい期待や要請を課すようになっています。そしておとなたち自身が展望や確信を失い、混乱しがちであるために、おとなたちが若者に課す期待や要請の中身はばらばらで、しばしば互いに相反するものになっているのです。そうして若者が苦境に直面している様子に対して、「それはうまくたちまわれないお前らが悪いのだ」といった厳しい言葉を投げかける年長者も珍しくありません。

でも、いまの状況が厳しいものであればあるほど、言い換えればこの社会が危機に瀕《ひん》していればいるほど、若い人たちの力を・助けを借りなければ、いっそうものごとは悪くなっていきます。そのためには、若い人たちを尊重し、承認し、信頼し、支え、応援し、見守ることがまず必要です。ときに若い人たちが示す未熟さや荒っぽさ、失敗も含めて、まずはありのままに受け入れることが必要です。ぎゅうぎゅうとしめつけるだけでも、あるいは無関心に放置するだけでも、若い人たちはそのもてる力を発揮してはくれないでしょう。

「大丈夫だよ、いいよ、やってみて、何かできることがあれば手を貸すから、伝えてほしいことがあればすべて伝えるから」

このような基本的な支持が、個々の年長者から個々の若い人へ、そして社会的な制度や仕組みとしても、確かに存在してはじめて、あなたたち若い人たちは、しっかりとした足取りで前に進んでくれるのではないか。私も鈍感な年長者のひとりではありますが、勝手にそのように考えています。的がはずれているでしょうか。

新しい社会をつくり出そうとする若者の息吹

そのような私の思いは、いまの現実の前ではむなしい夢想にすぎません。

ただそれでも、あなたたちに知ってほしいのは、もうすでに多くの若い人たちが、それぞれ懸命に、新しい社会や自分をつくり出そうとしはじめていることです。しなやかでじっくりとした発想に基づいて、肩ひじ張らずに、NPO（非営利組織）やユニオン（労働組合）を自分たちでつくるなど、新しい社会や自分をつくり出すための具体的で影響力のある行動を取りはじめている若い人たちが、たくさんあらわれるようになっていることです。

だから、あなたがいま苦しくても、どうかあきらめてしまわないでください。あなたがいまいる場所に違和感が強くても、その外にはさまざまな人や場所があり、そこではあなたが自然な笑顔でいられるかもしれません。

そして、いまいる場所やこの国のおかしさを、あなた自身が問い続け、共感してくれる仲間とともに行動にあらわして、変えてゆくこともできるのです。私が出会ってきた、新しい試みに取り組んでいる若い人たちには、これまでの生き方にいくつかの特徴がありました。そこから、あなたたちが荒れた環境を乗り越えてくれるためのヒントを示したいと思います。

あなたたちの力を貸してください

そのひとつは、周囲に対する疑問を押しつぶすのではなく、それを考え続けることです。そして、できれば動きながら考えてほしいということです。じたばたと動き、ごつごつと周囲にぶつかることが、自分の輪郭をよりくっきりと描くことにつながるはずです。

もうひとつは、「標準」や「正解」が実際にはもう崩れかけている現実のなかで、旧来の「標準的で安定したルート」の外側でもくじけないで生きてゆくためには、垂直の軸と水平の広がりをもつことが役立つということです。

垂直の軸とは、その人を貫く何かの目標やそのための道具・手段です。これは自分にとって大切なことだ、自分にはすくなくともこれができる、と思える何かです。

水平の広がりとは、あなたと関わりをもつ人々です。できればあなたと年齢や立場が異なる、いろんな人がそのなかに含まれていたほうが、あなたは倒れにくくなるでしょう。

しかし、水平に広がる、そのときどきの人間関係とは、不安定で脆弱《ぜいじゃく》なものです。そして、もし水平の広がりが狭く希薄になっても、垂直の軸があれば何とか耐えることができます。逆に、垂直の軸が弱くなったときに、水平の広がりから、それを再び強くするエネルギーをもらえることもあるでしょう。

考えながら動くこと、垂直の軸と水平の広がりをもつことが、あなたを支えてくれると思います。もちろん、いま述べたことを個人の努力に帰するのではなく、それが自然に可能になるような制度や仕組みを、十分に整えていくことが不可欠です。

でも、それにはまだ時間がかかってしまいそうなのです。すでに述べたように、この社会はまだ変わりきれず、変わらなければならないというそぶりは表面的なものにすぎません。ただ、さまざまな萌芽はそこかしこに見つけることができます。

だから、どうか顔を上げて日々を生き続けて、あなたのいる場所を、この国を、そして世界を、すこしでもましな方向に変えていこうとする静かで確かな動きに、あなたたちの力を貸してください。

Ⅷ　増補・シューカツを乗り越えるために

「シューカツ」という理不尽

この『UP』という小冊子（注：この小論が最初に掲載された媒体）には、多彩な学問分野のエッセンスが凝縮されたような薫り高い文章がいつも数多く掲載されていて、私はそれらを読む度に、ひととき憂世を忘れるような陶然とした気分になる。それに対して、私がふだん従事している研究は、憂世の中の憂世とでもいおうか、今の社会の軋みや歪みが集中している現象をさまざまなデータで洗い出し、その裏にある構造や要因を考察し、必要で可能なオルタナティブを探るという、泥臭い内容のものである。その意味で、本稿はこの冊子には似つかわしくないのではと気が引ける思いと、逆にあえて乱入したいようなやさぐれた気持ちを、同時に抱きながら書いている。

私が専門としているのは教育社会学という連辞符社会学のひとつだが、社会現象としての教育のあり方を理解するためには、教育の出口としての仕事、教育への入り口としての家族も視野に入れないわけにはいかないという成り行きから、私はいつの間にか、教育・仕事・家族という三つの社会領域の間の関係を研究対象としています、と自己紹介するようになった。それらの関係のどこに目下の研究の力点を置くかは時々で異なるが、近年の社会情勢から最も多くのエフォートを振り向けざるをえないのは、教育と仕事との関係、より端的にいえば「就職」というテーマである。

「就職」。最近の若者の間では「就職活動」を略して「シューカツ」という言葉が普及している。「就職」にせよ「シューカツ」にせよ、何の薫りもない言葉だ。薫りどころか、現状をつぶさに見るなら腐臭のようなものすら漂ってくる。腐臭という言葉は、黒いスーツを着て切羽詰まった面持ちで街を歩きまわっている若者たちを貶めるためにもち出したのではない。多くの若者に理不尽さの感覚や徒労感を味わわせ、あげくの果てに教育と仕事との狭間に突き落とすような結果に終わる場合も珍しくない現状を、言い表そうとしているのだ。その現状が集約されている若者の声を引用しておこう。

「私は内定を取れないまま今春大学を卒業しました。常に違和感を覚えながらの就職活動でした。

大学は本来、勉学の場です。私自身、中学の時から勉強したかったことを大学で学べました。しかし卒論や専門的な授業が増える三年時に就職活動が始まり、会社説明会や面接のため授業を休まなければならないことが、週に二、三度はありました。まるで就職のために大学に入ったような日々が続き、教育実習と面接が重ならないよう調整に苦心した友人もいます。

目的だった勉強が途中から就職に変わり、どんなに一生懸命勉強しても内定が取れないと、学内でも負け組扱い。「私は就職するために大学に入ったんじゃない」。何度も心の中で叫んだ言葉です。

「一年から就職を考えて」と、文部科学省が就業力育成支援事業に着手するとの記事に首をかしげました。国も企業も学生のことをもっと真剣に考えて欲しいと思います。」

（二〇一〇年四月五日付朝日新聞朝刊「声」欄）

この投書で述べられているとおり、近年の大学生の就職活動は早期化・長期化・煩雑化している。(1)早期化については、就職活動の開始期をいつと見なすかによってデータに揺れがあるが、近年の「シューカツ」は大学三年時の春から初夏にかけて大学でのガイダンスや企業インターンシップの申し込みが始まり、夏休みにインターンシップに参加し、秋に企業が開催するセミナーや説明会にいくつも出席したのち、初冬から年明けにかけてエントリーシートを企業に送り、年度末までに筆記試験や面接を経て内々定や内定が出始めるというプロセスが一般的である。大学の中には一年時から就職に向けてのガイダンスや適性テストを学生に繰り返し実施している場合もある。二〇一〇年六月二日には大阪で大学三年生を対象とする企業の合同説明会が開催され、主催した企業は「優秀な学生ほど早く動く。大企業も学生を早く見定めてつなぎ留めたいという意向が強い」という談話を出している。(2)内定のピーク時期に着目するならば、一九九三年時点では大学四年の六月下旬頃であったものが、九七年には五月下旬にまで早まり、二〇〇五年時点では四月中旬とさらに早期化している。(3)

しかし同時に、大学のタイプによって内定時期はより遅い時期にずれ込み、大学四年の夏から秋まで徐々に累積内定率が上昇するという傾向が見られる。また、個別の大学の中でも学生によっては内定がなかなか得られない場合、数多くの企業を受け続けなければならないため、就職活動は必然的に長期化する。東京大学大学院教育学研究科大学経営・政策センターが実施した大学生調査の結果によれば、平均的な大学生は一〇カ月程度を就職活動に費やしており、応募した企業数も平均では一〇社程度であるが、約二割の学生は三〇社以上に対して活動している(4)。これについて金子元久は次のように述べている。「これは採用に至るまで相当数の企業の不採用の通知を受け続けることを意味する。就職活動は単に多大の時間を要するだけでなく、学生が企業によって自分の価値を否定され続けるプロセスであるとも言える(5)」。

また煩雑化というのは、上記のように大学三年時に開始する就職活動においてハードルが多段階化しており、そのそれぞれが学生にとって大きな負担となっているということである。ある就職情報サイトの運営者が筆者との談話の際に語っていたことによれば、企業の中には応募者の「忠誠心」を試すために、あえて煩雑な手続きを課している例が珍しくないという。たとえば、開催するセミナーに応募者が出席していたか否かを重視している企業もあるため、応募者にとって特に情報価値のないセミナーであるにもかかわらず、たとえ遠方からであっても駆けつけなければならない。エントリーシートにおいて、謎かけのような出題に手書きで答えることを求める企業も多い。なおかつ大量の応募者が押し寄せる企業では、エントリーシートの選別を外注している場合もある。面接でも「ストレス耐性」を見ると称して意図的に侮蔑的な問いを投げかけられたり、面接結果を通知する期日が示されず長い間待たされたりすることもある。そうしたエントリーシートや面接において好評価を勝ち取るためには「ありのままの自分」を認識し提示することが必要だとされ、そのために学生は際限のない「自己分析」を要請される。[6] しかも、面接における面接官の判断基準は「何だか信用できない」といったきわめて感覚的なものである。[7] いちじるしい買い手市場下において、採用する側の驕慢や放恣は増幅する傾向にある。それに対してひたすら恭順の意を示し続け、それでも相次ぐ拒絶に見舞われることが、現下の学生にとっての「シューカツ」である。

　このような事態が生まれている背景には、複数の要因が存在する。第一に、一九九〇年代以降の世界的な経済環境と産業構造の変化により、企業は新規採用者の「厳選」傾向を強めてきたのに対し、大学進学率の上昇にともない大卒者は量的拡大と質的多様化をとげてきたことから、新卒労働市場の量的・質的ギャップが拡大していること。第二に、高度成長期以降の日本では、特に文系の大卒者については具体的な職業能力ではなく「人格」「人物」というあいまいな基準による採用がおこなわれてきたが、それが前記の状況下で歯止めなく昂進されていること。第三に、インターネットを通じた応募の普及等の要因から、一部の大企業に広範囲の新卒予定者が応募するようになり、そこにおいては採用選抜の「目詰まり」状態が生じているため、応募者のふるい分け手段が多面化・多層化していること。すくなくともこれらの要因から、「シューカツ」の狂騒状況がもたらされている。

　その果てに、いかなる結果が待っているか。二〇一〇年五月一二日に文部科学省が発表した、四月一日時点での大学卒業者の就職状況調査によれば、大学卒業者の中での就職希望率は六六・八%（前年より三・六%減少）で、うち就職できた者は九一・八%（前年より三・九%減少）である。ここ数年の大学卒業者数は五五万人強で推移していることから、推計約三万人の大学生が、就職を希望しながらかなわないまま卒業していることになる。就職を希望しない三三・二%の卒業者についても、うち大学院への進学者はここ数年一二%程度の水準を保っているため、大幅に大学院進学率が増えるようなことが起きない限り、卒業者の約二〇%、つまり一〇万人前後が、文部科学省の学校基本調査のカテゴリーでいえば「左記以外の者」および「一時的な仕事に就いた者」に該当することになる。これらの中には、就職への気力を喪失したり、とりあえず非正規の仕事に就いたりした者が相当数含まれる。しかし、正式の所属をもたない時期をすごした若者に対して、企業の眼はいちじるしく厳しい。それゆえ、「履歴書の空白」が生じることを防ぐためにあえて留年して卒業を延期する学生、そのための制度を新しく導入した大学も増えているが、学費を払って形式的な所属を維持しなければならないことの奇妙さ自体をあらためて考える必要がある。

それだけではない。正社員としての就職を果たした者も、「新卒切り」に見舞われることがある（以下の例は二〇一〇年五月二四日付朝日新聞朝刊記事より）。出社初日から些細なことについてとがめられ、「落ちこぼれ」「分をわきまえろ」「君が劇的に変わらなければ一切仕事はさせない」といった叱責を浴びせられ、連日反省文を書かされ、九日目に「自己都合」による退職を強要された例。内定後に複数の資格取得やテストの受験を強要され、その結果について面罵され、結局入社直前に内定を辞退した例。これらは、採用計画の見込みが外れた企業や、とりあえず多めに採用してその中から切り捨てていくことをもともと予定していた企業がとる手段である[8]。正社員として就職した大卒者の四割近くが就職後三年以内に離職しているという事実に照らせば、上記の例ほど典型的に悪質でなくとも、新規採用者が調節弁として使われているケースは例外的ではないと考えられる。

これらのすべてから、腐臭が立ちのぼる。こうした事態を放置しておくべきでないという認識は、かつてよりもずっと広がってきているが、具体的な動きは遅々としている。たとえば、昨秋に政府が発表した緊急雇用対策は、柱のひとつに「新卒者支援」を掲げ、ハローワークや教育機関における相談機能の拡充、求人開拓および求人情報の提供、新卒無業者へのセーフティネットの拡充等を進めるとしている。その一環として開始されている「新卒者就職応援プロジェクト」は、就職が決まっていない新卒者に対しておもに中小企業における六カ月間の職場実習をおこなうことにより就職につなげるというスキームである。しかし、その対象規模は新規高卒者などすべての教育段階の卒業者を合わせて五〇〇〇人にすぎず、就職への効果も定かでない。また、二〇一〇年二月には大学設置基準等が改正され、「社会的及び職業的自立を図るために必要な能力」を培う体制を整えることを大学に求める規定が盛り込まれた。これらの諸施策は、新規学卒労働市場における需給バランスの崩れにより就職活動の時期・期間やその内容が学生をいちじるしく圧迫しているという現状自体の変革を推進するものとはなっていない点で、弥縫策に留まるといわざるをえない。それに対して、日本学術会議の「大学教育の分野別質保証の在り方検討委員会」のもとに設置された「大学と職業との接続検討分科会」の最終報告においては、大学と職業との接続をめぐる構造的問題の指摘と、その変革に向けての包括的な提案が掲げられている。(9) しかしこれも、どれほどの社会的影響力をもちうるかはいまだ未知数である。

大学教育の内容が仕事の世界とは隔絶していても、大半の卒業者がある程度安定した仕事に就けていた、のどかな時代はすでに終わった。かといって大学側がいわゆる「キャリア教育」にいくら注力しようとも、現状の構造がある限り、それは解決策とはならないどころか、学生をいっそう追い込むことにもなりかねない。今の腐臭を断つ、すくなくとも薄めるためには何が必要か。学生が「シューカツ」に振りまわされず十分に大学での勉学に専心できた上で、より透明性と適合性のある基準で仕事に就いていけるようにするためには、企業も大学もどのように変わる必要があるのか。現下の「就職」から立ちのぼる腐臭は、すべての企業人、大学人、為政者に対して、そう挑みかけているのだ。

注

(1) 本田由紀「日本の大卒就職の特殊性を問い直す――QOL問題に着目して」、苅谷剛彦・本田由紀編『大卒就職の社会学』東京大学出版会、二〇一〇。

(2) http://www.asahi.com/national/update/0602/OSK201006020079.html
(3) 濱中義隆「一九九〇年代以降の大卒労働市場――就職活動の三時点比較」、苅谷・本田編前掲書。
(4) 金子元久「キャリア教育――小道具と本筋」『IDE　現代の高等教育』No.521、二〇一〇年六月号。
(5) 金子、前掲論文、五頁。
(6) 香川めい「『自己分析』を分析する――就職情報誌に見るその変容過程」苅谷・本田編前掲書。
(7) 小山治「なぜ企業の採用基準は不明確になるのか――大卒事務系総合職の面接に着目して」苅谷・本田編前掲書。
(8) 厚生労働省『平成二一年版　労働経済の分析』。
(9) http://www.scj.go.jp/ja/member/iinkai/daigaku/pdf/d-17-1-2.pdf

大不況下の就活　驕るな／社会と対峙せよ

晴れの日は雨を思え

うまくいっているあなたへ。あなたは勉学面でも交遊面でも充実した大学生活を送り、世情が厳しい中での就職活動にも順風が吹いているかもしれない。でも、驕《おご》ってはならない。

今のあなたの状態は、むろんあなた自身の努力や才能によって勝ち取られた部分もあるだろうが、それ以上に、あなたが偶然にもさまざまに有利な条件に恵まれてきたことが大きく作用していることを忘れてはならない。

必要な場合には惜しみなく多面的な援助を与えてくれてきたご家族や、それによってあなたがみずからを伸ばす機会を享受できてきたという事実を、肝に銘じなくてはならない。

そして、やはり偶然にもそれらの条件を欠いてきた人々が置かれている客観的な苦境や内面の揺れ動きに対して、可能な限りの理解と想像力をもたなければならない。

この社会では、近年ますます、有利な諸条件が集中している層とそうではない層との間の分断が強まり、互いの離隔は拡大している。その結果、恵まれた生活環境の中で生きている者は、自分たちとは異なる現実の中にある人々を、容易にさげすみ無視し憎悪するようになっている。

有利な者ほど不利な人々に対する責任を担っているという「高貴な義務」の考え方は、日本では地に墜《お》ちている。

しかし実際には、あなたの現状は、苦境を受忍する数多の人々の犠牲の上に成り立っている。近年の経済状況のもとでは付加価値や利潤という果実は一部の層の手にしか入らなくなっているが、それらは来る日も来る日も延々と肉体や精神をすり減らしつつ社会と経済の作動を担っている人々が生み出しているものだ。

その認識を欠落させて傲慢な生を歩もうとする者たちは、いずれは自分が踏みつけてきたあれこれからの報いを免れえないだろう。すべてはつながっており、苦しみは伝播し、あらゆる層へと広がるからだ。

「痛み」が生を実証する

うまくいっていないあなたへ。あなたは大学という不思議な場所に、強い違和感を覚えているかもしれない。また、この不思議な場所から外の社会に出てゆくための切符がなかなか手に入らず、もがいているかもしれない。

大学に入るまで一生懸命頑張って勉強してきたのに、その先の大学やさらにその先の世の中が、あなたを尊重することなく冷え冷えとした扱いをすることに対して、戸惑いやむなしさを感じているかもしれない。

あなたがどうすればうまくゆくかについて、魔法のようなアドバイスをしてあげることは、私にはできない。ただ、伝えておきたいことはある。ほぼ七〇年前に、吉野源三郎は『君たちはどう生きるか』という著作の中で、人間にとって苦しみがもつ意味について次のように書いている。

「心に感じる苦しみやつらさは人間が人間として正常な状態にいないことから生じて、そのことを僕たちに知らせてくれるものだ。そして僕たちは、その苦痛のおかげで、人間が本来どういうものであるべきかということを、しっかりと心に捕らえることができる」と。

では、「正常な状態」を損なっているものとは何なのか。うまくいっていないあなたは、おそらく自分の苦痛の由来について、すでにさんざん自分自身を責めてきただろうと思う。「お前が悪い」「愚かなのはお前だ」という視線や物言いは、今のこの社会に満ち満ちているからだ。

でも、今必要なのは、自分の内部ではなく、自分の外部への吟味を始めることだ。苦痛の原因を、自分を取り巻くこの社会の中に探してみるということだ。そして原因が見つかったように思えたとしても、表相的な何かや誰かにそれを帰してしまうのではなく、さらにその背後にあるものについて掘り下げて考えてみることだ。

また、原因が見つかったところでどうにもならないとあきらめてしまうのでもなく、自分に苦痛をもたらしているそれらを「正常な状態」へとにじり寄らせていくためにはどうするべきかという課題に、対峙していってほしいと思う。

そう述べるのも、今のこの社会、そしてこの世界では、幾多の問題がそこかしこで露わになっているからだ。特に世界の中でも独特なこの日本社会では、従来の教育や仕事や家族のあり方が、不可逆的な変化の中で機能不全を起こしており、それがあなただけではない膨大な人々に苦痛を生み出している。

そのことを指摘する言葉はすでにあふれるようにある。為政者や経営者ですら手詰まりに気づき、打開策を模索し始めている。

そうした状況下では、まさにあなたや他の人々の苦痛こそが、社会を組み立て直してゆく原動力となるのだ。苦痛から発する声を聴く準備は、さまざまな場所で徐々に整いつつある。

だから、あなたの苦しみは、無意味で孤独なものではない。すくなくとも知性という資源は手にしているはずのあなたであれば、とりあえずのあなた自身の活路を何とか見いだしてくれるよう祈る。そしてその後も、自分が味わった苦痛そのものを、あなたの生の証左として、あなた自身とこの社会・世界の新しい物語を築いていってもらいたいと思う。

あとがき

本書に収録した論考や座談会、コラムの大半は、もともと週刊・月刊の雑誌や新聞に掲載されたものである（初出一覧を参照）。私は若いころからつい最近になるまで、社会に自分の意見を発信できる機会をあまりもつことができなかった。どうしても言いたいことがあって、新聞に投書して不採択になったこともある。だから、最近ではいろいろな媒体や場所で発言の機会をいただけるようになったことがうれしく、たいていのご依頼は喜んでお受けしている（ただし、あまりに余裕がなくてお断りする場合も出てきている）。

だが、そのようにして書いたり語ったりしたものは、ある範囲の人々の目に一時的に触れることができても、日々世の中に大量に生み出されている言葉の渦のなかに、やがて飲み込まれて消えていく。しかし、先日たまたま、本書に収録した論考のひとつを読み直したときに、これをもう一度世に問いかけてみたいという思いが強く湧いた。そこで双風舎の谷川茂さんに本づくりをお願いしたところ、こころよくご承諾いただいた。

本をつくることが決まってすぐに私の頭に思い浮かんだタイトルが、『軋《きし》む社会』というものだった。谷川さんは、「軋むという漢字が読みにくいかもしれない」と躊躇《ちゅうちょ》された。だが、私の頭蓋のなかではすでに「ぎぎぎいぃ」という音が幻聴のように響いており、それに代わる案は考えつかず、このタイトルを使ってもらうことになった。

事実、本の準備を進めているあいだにも、この社会の軋みはいたるところに聞こえていた。みずからを、家族を、あるいは見知らぬ他者を死に追いやる事件の報道は、あとをたたなかった。鳥は撲《なぐ》られ、花々は切られた。

そうした事件のなかには、私の身近な生活圏で生じたものもある。苦しみの総量の増大が、さまざまな対象への攻撃や呪詛を生んでいる。比較的苦しみがすくなくてすんでいる者たちは、自分の生活を守るために、そうした現実からできるだけ身を引きはなして、遠巻きにやりすごしている。社会を立て直す責任を担っているはずの者たちは、手をこまぬいていたり、ただ対処のそぶりのみを見せるにとどまっていたり、苦しんでいる人々自身へと責任を転嫁しようとしたりしている。

むろん私も、確実な策などがわかっているわけではない。わかっているのは、この軋みの音をしっかりと聞くこと、そしてさまざまな陥穽《かんせい》をできるだけ避けながら、すこしでもよい道を探すことの必要性だけである。

それを、あなたも、どうか手伝ってくださいませんか。

文庫版あとがき

この文庫のもとになった本は、二〇〇八年六月初めに双風舎から刊行された。当時から文庫版が刊行されるまでの間にどのようなことがあったかを、簡単に振り返っておきたい。

同年の秋以降、アメリカにおけるサブプライムローンの破綻に端を発する世界的な金融危機の影響が、日本でも顕在化した。二〇〇九年三月に高校や大学等を卒業して四月から働き始める予定であった若者の一部は、入社以前に内定が取り消される「内定切り」に遭遇した。より大規模に起こったのは、製造業派遣労働者を中心とする「派遣切り」である。二〇〇三年から二〇〇七年にかけての「いざなぎ超え」と呼ばれる景気回復期は、明らかに終焉を迎えた。経済成長率は二〇〇七年には一・八%であったものが二〇〇八年にはマイナス四・一%へと急落し、二〇〇九年にはやや上昇したがマイナス二・四%と依然マイナス成長を続けている。

もともと「いざなぎ超え」景気の時期にも、九〇年代に就職氷河期・超氷河期の苦渋をなめたいわゆるロストジェネレーション層――その多くはすでに三〇代に達している――の雇用がはかばかしく回復を見せないこと、また拡大した企業収益が労働者の賃金になかなか還元されてこないことに、人々は不満や当惑を募らせていた。バブル経済崩壊後の一〇年におよぶ長期不況を、私たちは「痛みに耐えて」乗り切り、ようやく経済情勢に明るい陽が差し始めたはずなのに、人々の多くはいまだに日陰で震えている。なぜだ？　そう疑問に思いながらも、この好景気がもう少し続けば、さすがに恩恵がトリクルダウンしてくるに違いない。そういう淡い期待は、二〇〇八年秋に打ち砕かれたのである。それまでの長期不況期には、この経済低迷は一過性ないし異常事態であり、それが過ぎ去れば八〇年代の「ジャパン・アズ・ナンバーワン」が戻ってくるはずだという、どこか楽観的な想定が人々の間に潜在していた。しかし、二〇〇八年後半以降、むしろ「いざなぎ超え」のような景気上昇期のほうが短期的な例外だったのであり、沈滞した経済こそが今後は基調となってゆくのではないかという、それまでとは逆の苦い認識が広がってきた。

暗い予兆は、より早くから現れていた。『軋む社会』が刊行された直後の二〇〇八年六月八日に、秋葉原の歩行者天国に一人の若者が二トントラックで突っ込み、両刃のダガーナイフで七人を殺害し、一〇人を負傷させた。犯人が製造業派遣労働者であり、また携帯サイトの掲示板に頻繁に心象を書き込んでいたことから、この事件に対して「労働系」と「承認系」の両面から様々な解釈が増殖した。その後に犯人が法廷で語った言葉では、携帯サイトで書き込みが無視されたことへの腹いせが犯行の主な原因とされており、それは「承認系」の解釈を裏付けるものである。しかし、短期大学卒業後に各地で仕事を転々としていたという犯人の経歴そのもの、そして派遣契約が打ち切られるかもしれないという脅威を犯人が犯行直前に抱いていたという事実は、経済と雇用の情勢が犯人の人生に黒々と刻印されていたことを伝えている。

顧みればこの二〇〇八年は、日本社会にとって大きな曲がり角であった。人々は、もう「痛みに耐え」つつ「淡い期待」にすがっていてもどうにもならないことを思い知り始めた。翌二〇〇九年夏には、半世紀に及んだ自民党政権が終わりを告げる。むろんそこには、小泉後の首相が相次いで短期で辞任するという、自民党そのもののダッチロールの影響も大きかっただろう。そのような自民党への「おしおき」として、「一度民主党にやらせてみるか」という程度の意識で投票した人々も多かったと思われる。ミクロな個々人の主観としてはそうであったとしても、それが集積されて政権交代に至ったということは、結果として、マクロな社会全体としては明確な決断がなされたことを意味していた。このままではだめだ、という決断が。

周知のように、政権を引き継いだ民主党もきわめて危なっかしい歩みぶりであり、楽観は決してできない。長きにわたってこの社会に沈殿してきた澱《おり》を清めるのは容易なことではない。それに手間取っている間に、人々の苛立ちが極端な反動となって現れかねない。経済にも好転の兆しは薄い。企業はいっそうの「グローバル展開」に躍起になっており、国内よりも国外に安価で「優秀」な人材を探し求めていることから、国内の若者の雇用をめぐって「史上最悪の値を記録」という報道が繰り返しなされている。展望はまったく明るくない。

しかしそれでも、このあとがきを書いている二〇一一年早春の時期から数年前を振り返ったとき、何かが違ってきていることを感じる。特定の人々へのあからさまなバッシングは、以前よりは目立たなくなった。マスメディアでは、「無縁社会」や「孤族」などの言葉が新たなキーワードとなり、新卒者の就職の厳しさや就職活動の不合理さについても社会関心が高まった結果、対策についての様々な提言が見られるようになった。子ども手当や高校実質無償化など、長く放置されてきた「人生前半の社会保障」の手薄さに対しても、まだまだ不十分とはいえ改善がなされた。複合的な困難を抱える人々に対して寄り添いながら通分野的な支援を行う新しい制度も始まった。それらは何か具体的な大きな成果を生み出したというよりも、社会のベクトルの向きがやや変わったと表現したほうが適切なような控え目な動きである。でもベクトルは確かに変わったのだ。それは、苦しみが社会全体を広範に覆い始めたことにより、目につく「誰か」や「何か」が悪い、という安易で近視眼的な原因帰属が説得力をもたなくなり始めたことによるのではないかと考えられる。

変化したベクトルが指している方向とは、戦後の日本社会の成り立ち自体を組み替えてゆくことがどうしても必要だという方向である。企業と家族が個人を包摂し生活基盤を保証し、家族は次世代を教育を経由して企業社会に送り込む、というこれまでの循環には、各所で大きな裂け目や綻びが現れている。企業と家族に依存しきることなく、「社会」としての個人の包摂と生活保障のあり方を早急に実現していかなければならない段階に、今私たちは立ち至っている。仕事と家族の関係、家族と教育の関係、教育と仕事の関係、そして「上からの公共性」としての行政および「下からの公共性」としての様々な民間組織や運動の位置づけ、それらのいずれをも、従来とは異なる形で新たに構築し調整してゆくことが急務なのだ。総じて物質的な豊かさが確保されにくい状況のもとで、そうした再構築や調整は容易ではない。しかし、増えない富を様々な立場の人々の間でどう分かち合い、社会と個人の存続可能性をどう維持してゆくかという切迫した課題が目前に存在する危機的な現状であればこそ、社会を立て直す営みはむしろ進展しやすいかもしれないのだ。

再構築の具体的な構想としては、私自身は次のようなことを考えている。まず教育と仕事の関係については、教育の職業的意義の向上と新規学卒一括採用以外の柔軟な入職経路の拡充が必要だ。教育が教育内容の実質的な意義をもたなくとも新規学卒一括採用によって企業のメンバーシップさえ得ておけば安心であるような時代は過去のものになった。そのような従来のあり方自体が多くの問題を含んでいたのであり、経済・産業の世界的な布置が変化しつつある中で、過去への回帰は可能でも望ましくもない。それならば、新しい環境条件に適した形で、教育の修了とともに間断なく企業組織に飛び移れることを前提としない「学校から仕事への移行」を整備するしかない。

また、仕事と家族の関係については、まず仕事の世界が、全身全霊で無限定的に企業活動へのエネルギー投入を求められる正社員と、使い捨て的な非正社員とに分断されている状態を改め、適正な限定性をもつ仕事、言い換えれば一定の定まった内容と量の範囲内で働くことができる仕事を現在よりも分厚くし、時間面でも収入面でも家族生活との両立が可能であるようにしてゆくことが求められる。そのような働き方は女性の仕事への参入をより容易にし、「男は仕事、女は家庭」という性別役割分業を脱して「男も女も仕事も家庭も」というワーク・ライフ・バランスを実現しやすくすると期待される。

そして家族と教育の関係については、家族がもつ経済的・文化的・時間的・社会関係的資源の多寡によって子世代の教育達成が大きく左右される現状を乗り越え、家族の諸資源に依らず教育達成が保障され、かつ義務教育よりも上の学校段階では水平的に分化した多様な教育ルートを選択できるようにすることが必要である。家族と教育の間には、前者から後者への資源の注入という形ではなく、両者の間でニーズとサービスをめぐる対等な対話がなされるという形の関係が形成されることが理想である。そのためにも、教育内容の実質的意義について現状よりもずっと入念な吟味が必要であるし、それは上で述べた教育と仕事との関係にもつながってくる。

そして「上から」と「下から」の公共性は、このような家族・教育・仕事の関係を側面から援助するとともに、この三領域の間のすきまや周囲を満たすためのきめ細かい社会サービスを提供する役割を担う必要がある。家族だけでは、学校だけでは、企業だけでは、カバーすることができないニーズは数限りなくある。家族が生活保障の体力をもたない場合には公的な代替機能が下支えとなり、その上で個人の状態や希望に即して無理のない形で教育・訓練や雇用へと個人を結びつける補助を、「上から」と「下から」の公共が提供するべきである。

これらの変革はいずれもドラスティックで社会全体に及ぶものであるからには、一朝一夕に魔法のように実現できるものではないことは言うまでもない。しかしそこを目指して、地道に、時には大胆に、前進するしかない。本書に収録されている「雇われる側の論理」の末尾に書いた、「告発や、交渉や、法への準拠や、市場行動や、投票行動や、あらゆる行為を通じて。紙や、画面や、声や、体や、あらゆる媒体を使って。路上で、会議室で、法廷で、カフェで、あらゆる場所で」という言葉は、社会を作り変えてゆく営みについてもそのまま当てはまる。

以上のように、本書が最初に刊行されてから文庫化されるまでの間には、いくつかの大きな社会的屈曲が生じてきたし、それを経て新しい局面が現れてもいる。しかし、本書の内容を改めて読み返したとき、そこに古さは感じない。その理由は、基本的な社会構造の面で、何ら変化していない部分が数々あるからだ。大学間の格差構造にしても、ハイパー・メリトクラシーにしても、「やりがいの搾取」にしても、二〇〇八年以降、より悪化しこそすれ、明らかな改善など生じていない。すなわち、手前味噌的に言えば、本書における現状分析や提言の大半は、二〇〇八年時点だけでなくその後についても当てはまるし、これからの変化を進める上での立脚点となりうる深度と感度をもちえていると思う。

文庫化に際して、新卒就職のあり方に関する、新しい二つの論考を追加していただいた。先述のように、就職活動の問題は、二〇〇八年秋以降に顕在化したものであることから、もともとの本では十分取り扱えていなかった。しかし、教育と仕事との接点としての新卒就職には、現在の日本社会が抱える病根が集中的に現れていると言ってよい。それは同時に、新卒就職というイシューが、社会変革を進める上で戦略上の要所でもあることを意味している。この二つの論考を加えることで、本書の他の論考も、より今日的な示唆をもつものとして読んでいただけるようになることを期待している。

この文庫を手にとってくださった方たちは、それぞれの文脈の中で、それぞれの思いや考えをもって、日々生きているだろう。疲れていたり、悩んでいたり、虚しかったりするかもしれない。あるいは力にあふれて前のめりに生きている方かもしれない。そのような様々な方たちの人生の一時を、この本の中の文字を追うことに使っていただけることに感謝する。そしてこの本が、読んでくださる方たちにとって、少しでも意味があるものであることを願う。

二〇一一年二月　　本田　由紀

追記——この文庫の校正を進めている途中で、東日本大震災が発生し、日本社会は新たな段階に足を踏み入れた。この危機を乗り越えてゆく上でも、右のあとがきに記した提言は生きている。この社会が甦る日が来ることを心から願う。

二〇一一年四月　　本田　由紀

初出一覧

Ⅰ　日本の教育は生き返ることができるのか

苛烈化する「平成学歴社会」――かつてとは何が変わったのか
▼「論座」二〇〇七年三月号、二二三―二三一頁

格差社会における教育の役割▼「世界の労働」二〇〇八年一月号、三〇―三五頁

〈コラム〉教育再生会議を批判する▼「朝日新聞」二〇〇七年一月二九日、朝刊、九面、時流自論

〈コラム〉議論なき「大改革」▼「月刊ＪＴＵ」二〇〇七年六月号、三頁

〈コラム〉「キャリア教育」だけなのか？▼「月刊ＪＴＵ」二〇〇七年一二月号、三頁

Ⅱ　超能力主義《ハイパー・メリトクラシー》に抗う

ポスト近代社会を生きる若者の「進路不安」▼「教育」二〇〇七年一二月号、四―一一頁

いまこそ専門高校の「復権」を――「柔軟な専門性」を鍵として
▼「産業と教育」二〇〇七年一二月号、二―七頁

〈コラム〉他人のつらさを自分のつらさに（旧タイトル「『見て見ぬふり』を超えて」）
▼「月刊ＪＴＵ」二〇〇八年四月号、三頁

Ⅲ　働くことの意味

〈やりがい〉の搾取――拡大する新たな「働きすぎ」▼「世界」二〇〇七年三月号、一〇九―一一九頁

東京の若者と仕事――先鋭化する「二極化」▼「東京研究」第六号、二〇〇六年七月発行、一三六―一四四頁

〈コラム〉企業の「家族依存」を正せ▼「朝日新聞」二〇〇七年二月一九日、朝刊、九面、時流自論

Ⅳ　軋む社会に生きる

まやかしに満ちた社会からの脱出（旧タイトル「〝溜め〟のない世界に楔を打て！」）▼「図書新聞」二〇〇七年八月一八日号、一―三面

〈コラム〉雇われる側の論理（旧タイトル「〈つらさ〉の分断を超えて」）▼「月刊オルタ」二〇〇八年二月号、三〇―三一頁

〈コラム〉立場の対称性と互換性▼「月刊ＪＴＵ」二〇〇七年九月号、三頁

Ⅴ　排除される若者たち

若年労働市場における二重の排除――〈現実〉と〈言説〉▼「現代の社会病理」第二二号、二〇〇七年、二三―三五頁

〈コラム〉〈不可視化〉と〈可視化〉▼「国民生活」二〇〇七年一二月号、四―五頁

〈コラム〉鍛えられ、練られた言葉を（旧タイトル「侮蔑ではなく、状況のきびしさを共有する言葉を」）▼「月刊同和教育　であい」五四七号、二〇〇七年一〇月発行

Ⅵ　時流を読む

現代日本の若者のナショナリズムをめぐって▼HONDA Yuki, 'Focusing in on Contemporary Japan's 'Youth' Nationalism, *Social Science Japan Journal*, Oxford University Press, October 2007.

「ハイパー〝プロ文〟時代」がやって来た⁉▼「すばる」二〇〇七年七月号、一四八―一六五頁

〈コラム〉お母さんに自由を！（旧タイトル「お母さんは家にいるもの」という束縛）▼「コーヒー入れて！」第四三号、二〇〇七年一二月発行、六頁

〈コラム〉「家庭の教育力」って何？（旧タイトル「『家庭の教育力』のまやかし」）▼「朝日新聞」二〇〇七年一月一六日、夕刊、八面

Ⅶ　絶望から希望へ

いま、若い人たちへ▼「朝日新聞」二〇〇七年三月二六日、朝刊、一一面、時流自論／▼「すばる」二〇〇八年五月号、一六二―一六三頁（すばる大学カフェ「入り乱れるベクトル」）

Ⅷ　増補・シューカツを乗り越えるために

「シューカツ」という理不尽▼「ＵＰ」二〇一〇年八月号、一―六頁

大不況下の就活　驕るな／社会と対峙せよ▼「週刊東京大学新聞」二〇〇九年四月二八日、二頁

本書は、二〇〇八年六月に双風舎より刊行された。
文庫化にあたり、増補として「Ⅷ」をくわえた。

軋《きし》む社会《しやかい》
教育《きよういく》・仕事《しごと》・若者《わかもの》の現在《げんざい》

二〇一一年六月一〇日　初版印刷
二〇一一年六月二〇日　初版発行

著者　本田由紀《ほんだゆき》
発行者　小野寺優
発行所　株式会社河出書房新社
〒一五一-〇〇五一
東京都渋谷区千駄ヶ谷二-三二-二
電話〇三-三四〇四-八六一一（編集）
〇三-三四〇四-一二〇一（営業）
http://www.kawade.co.jp/

ロゴ・表紙デザイン　粟津潔
本文フォーマット　佐々木暁
本文組版　株式会社キャップス
印刷・製本　凸版印刷株式会社
落丁本・乱丁本はおとりかえいたします。
Printed in Japan ISBN978-4-309-41090-6

寄席はるあき

安藤鶴夫〔文〕　金子桂三〔写真〕　40778-4

志ん生、文楽、圓生、正蔵……昭和30年代、黄金時代を迎えていた落語界が今よみがえる。収録写真は百点以上。なつかしい昭和の大看板たちがずらりと並んでいた遠い日の寄席へタイムスリップ。

免疫学問答　心とからだをつなぐ「原因療法」のすすめ

安保徹／無能唱元　40817-0

命を落とす人と拾う人の差はどこにあるのか？　不要なものは過剰な手術・放射線・抗ガン剤・薬。対症療法をもっぱらにする現代医療はかえって病を増幅・創出している。あなたを救う最先端の分かりやすい免疫学の考え方。

映画を食べる

池波正太郎　40713-5

映画通・食通で知られる〈鬼平犯科帳〉の著者による映画エッセイ集の、初めての文庫化。幼い頃のチャンバラ、無声映画の思い出から、フェリーニ、ニューシネマ、古今東西の名画の数々を味わい尽くす。

あちゃらかぱいッ

色川武大　40784-5

時代の彼方に消え去った伝説の浅草芸人・土屋伍一のデスペレートな生き様を愛惜をこめて描いた、色川武大の芸人小説の最高傑作。他の脇役に鈴木桂介、多和利一など。シミキンを描く「浅草葬送譜」も併載。

実録・山本勘助

今川徳三　40816-3

07年、大河ドラマは「風林火山」、その主人公は、武田信玄の軍師・山本勘助。謎の軍師の活躍の軌跡を、資料を駆使して描く。誕生、今川義元の下での寄食を経て、信玄に見出され、川中島の合戦で死ぬまで。

恐怖への招待

楳図かずお　47302-4

人はなぜ怖いものに魅せられ、恐れるのだろうか。ホラー・マンガの第一人者の著者が、自らの体験を交え、この世界に潜み棲む「恐怖」について初めて語った貴重な記録。単行本未収録作品「Rojin」をおさめる。